AF314311

Les Grecs à Smyrne

NOUVEAUX TÉMOIGNAGES

sur leurs Atrocités

UN DOCUMENT OFFICIEL
— PROBANT —

PARIS
IMPRIMERIE KOSSUTH
1920

A PIERRE LOTI

La Patrie Turque

RECONNAISSANTE

———

LES GRECS A SMYRNE

MYTHOLOGIE MODERNE

> *« Leur occupation, loin de se présenter comme l'exécution d'une mission civilisatrice, a pris immédiatement l'aspect d'une conquête et d'une croisade. »*
>
> Rapport de la
> Commission d'Enquête Interalliée.

Le vilayet de Smyrne, cette contrée turque par excellence, est occupé, comme on le sait, par des troupes grecques depuis le mois de mai dernier, à la suite de la décision du Conseil Suprême des Alliés. Les événements tragiques qui ont accompagné et suivi cette malencontreuse mesure, les répercussions immédiates auxquelles elle a donné lieu, ainsi que les conséquences graves susceptibles d'en découler, font de cette occupation une des questions capitales dans le problème de la paix en Orient. Aussi il nous a semblé intéressant, voire utile, au moment où le Conseil Suprême aborde l'étude de la paix avec la Turquie, d'éclairer l'opinion publique sur cette question qui exige une solution juste et urgente.

On s'est certainement demandé à quelles considérations ont cédé les Alliés en permettant à la Grèce d'occuper une région faisant partie intégrante de l'Anatolie, cette entité géographique, cet asile ultime du peuple turc et où l'on ne compte guère que 300.000 Grecs contre une majorité écrasante de 1.300.000 Turcs.

Il est hors de doute, comme on le verra par les documents que nous allons publier ici, que l'occupation fut la conséquence de manœuvres politiques habilement conduites et de tout un édifice d'informations mensongères laborieusement préparées.

.*.

Peu de temps après l'armistice, avant que les revendications territoriales grecques fussent formulées officiellement, les agents au service du Gouvernement hellénique s'occupaient déjà de préparer l'opinion publique au programme de vastes annexions connu plus tard et dont l'étendue parut exorbitante même à ceux qui appuyaient vigoureusement la thèse de « la plus grande Grèce », du « nouvel empire d'Orient », si chère à M. Vénizelos. On se rappelle, en effet, que la Délégation hellénique a fait preuve d'appétits insatiables en demandant l'Epire, la Thrace, Constantinople, Smyrne, Trebizonde, Adana, etc..., en un mot, un territoire trois fois plus grand que la Grèce avec une population également trois fois plus nombreuse que la sienne.

C'est alors précisément qu'apparut, pour la première fois, dans la presse, le terme bizarre de « Grecs irrédimés ». Que signifiait cette expression inaccoutumée? Elle signifie en langage clair « Impérialisme Grec ». C'était le premier pas engagé dans la voie d'astuce et de calomnie qui devait duper l'Occident et conduire à l'immolation du peuple turc en Orient.

Il faut toutefois rendre cette justice aux dirigeants helléniques qu'ils excellent dans l'art de s'adapter aux exigences des circonstances et s'ils ont forgé et lancé l'irrédentisme pour dissimuler l'impérialisme, c'était sans doute pour rester dans la note et se ménager les faveurs des apôtres du respect des nationalités.

Conçus dans la pensée de quelques hommes politiques, les Grecs irrédimés ont vu le jour sous forme d'un Comité qui ne tarda pas à soulever une campagne de presse violente aidée de conférences, de brochures; et pour prêcher la haine contre les Turcs, on lança, à travers l'Europe et l'Amérique, une légion de propagandistes. En outre, on fournit aux milieux dirigeants des statistiques et des rapports complètement inexacts sur la situation politique.

Par ces moyens destinés à prouver les soi-disant droits ethniques et historiques sur les territoires revendiqués, le Comité des Grecs irrédimés, d'accord avec les représentants officiels de la Grèce, s'efforçait de démontrer beaucoup de choses (oubliant peut-être que celui qui veut trop prouver ne prouve rien) et entre autres, cette vérité qui, fait étrange, aurait échappé jusque-là à l'observation universelle : Constantinople, capitale multi-séculaire des Turcs, cette ville à physionomie si éminemment islamique, n'était qu'une ville grecque (!!!). En la regardant probablement avec un prisme grec!

En attendant la réalisation de son programme panhellénique et son installation à Constantinople, grâce à ces procédés qui semblaient, somme toute, en bonne voie de réussite, la Grèce signalait au Conseil Suprême *l'insécurité!* qui régnerait dans le vilayet de Smyrne et le danger qui en résulterait pour la vie des non-Turcs. Le Conseil Suprême influencé, pour en dire le moins, par cette information totalement fausse, donna à la Grèce l'autorisation de débarquer à Smyrne pour y assurer l'ordre! Mais voici que l'enquête faite plus tard sur place (au lieu d'être faite plus tôt) par les représentants des Alliés, démontre que les renseignements communiqués au Conseil Suprême étaient dénués de tout fondement. Les enquêteurs commencent même leur rapport dans les termes suivants :

L'enquête a prouvé que, depuis l'armistice, la situation générale des chrétiens dans le vilayet d'Aïdin était satisfaisante, leur sécurité n'était pas menacée.

Si l'ordre d'occupation de Smyrne a été donné par la Conférence de la Paix à la suite de renseignements inexacts, la responsabilité première des événements incombe aux individualités ou aux Gouvernements qui ont établi ou transmis sans les vérifier des renseignements de ce genre tels que ceux dont il est parlé au numéro 1 des points établis.

Il apparaît donc très nettement que cette occupation n'était nullement justifiée, qu'elle est faite en violation des conditions de l'armistice signé entre les puissances et la Turquie (1).

Ajoutons qu'en arrachant cette autorisation, M. Vénizelos aurait affirmé que les troupes grecques seraient accueillies avec joie par toute la population ! et que l'ordre n'en serait en aucune façon troublé. Les événements ou plutôt les soldats de M. Vénizelos lui donnèrent un sanglant démenti.

Dès l'arrivée des troupes grecques, cette contrée qui jusque-là -- pendant plus de cinq siècles — n'avait pas connu les horreurs de la guerre et avait bénéficié d'une prospérité remarquable dans le travail et la tranquillité est devenue un vaste charnier, un monceau de ruines. Là, comme ailleurs, les Grecs, fidèles à leurs vieilles pratiques, ont immédiatement commencé la croisade comme les représentants des Puissances Alliées l'ont consigné dans leur rapport. A peine ces troupes mirent pied à terre qu'une ère sinistre s'ouvrit pour les malheureux habitants auxquels aucune infamie n'a été épargnée. Les témoignages à ce sujet sont tellement nombreux, précis et écrasants que les démentis même les plus habiles ne peuvent désormais empêcher les auteurs responsables de ces horreurs d'être l'objet de l'indignation et de la réprobation universelles.

Ce qui se passa à Smyrne n'est d'ailleurs qu'une récidive de la rage d'extermination que les Grecs manifestèrent de tout temps contre l'élément turc partout où ce dernier se trouvait soumis à leur domination. Ainsi, il n'existe plus une seule âme turque en Thessalie où en 1878 on en comptait 150.000. En Morée, il ne reste plus de traces de 300.000 habitants turcs qu'elle comptait. En Crète, sur 100.000 Turcs, il n'en reste guère aujourd'hui qu'une vingtaine de mille ayant pu résister aux tortures inouïes de l'oppression exterminatrice hellénique. En Macédoine, les deux tiers de la population turque ont été victimes de procédés féroces et furent forcés d'émigrer. Quant aux horreurs plus récentes de l'Epire, nous nous bornerons à citer l'extrait d'une communication de M. Robert Vaucher, *"Illustration du 20 janvier 1917"* :

« Sur la grande place de la ville de Delvino, écrit M. Robert Vaucher, nous voyons les premières ruines faites par les bandes grecques de Zographos,

---

(1) L'article 7 dit : Dans le cas où il y aurait une situation qui menacerait la sécurité des Alliés, ceux-ci auront le droit d'occuper n'importe quel point stratégique.

qui démolirent avec une fureur teutonne les maisons musulmanes. La destruction fut systématique. Pour que l'Albanie Méridionale fut grecque, il fallait anéantir l'élément musulman : voilà la cause des massacres commis en Haute-Epire et du saccage de plus de 400 villages dont nous allons retrouver les ruines entre Delvino, Tepeleni et tout le Kurveleshi. »

Les ignominies et les crimes qui commencèrent avec le débarquement et continuèrent depuis à désoler le pays (on en verra plus loin les détails), devaient avoir une répercussion profonde sur la population de l'Anatolie entière, se sentant menacée dans son existence même. Ils soulevèrent, en effet, l'âme du pays et donnèrent naissance au mouvement nationaliste qui, dès le premier jour, opposa à l'envahisseur une résistance acharnée. C'était là une des plus respectables manifestations de l'instinct de conservation et du patriotisme le plus pur, sauf, bien entendu, pour les dirigeants grecs. La résistance opiniâtre, chaque jour croissante, s'opposait aux envahisseurs, aux massacreurs, contrariés, gênés même dans leurs visées de conquêtes et leur plan d'extermination.

D'autre part, la lutte si noble soutenue par nos braves et incomparables paysans anatoliens pour la défense de notre patrimoine national ne pouvait-elle trouver un écho sympathique, peut-être un appui efficace dans certains milieux animés du respect du sentiment et des droits de nationalité? Ne pouvait-elle émouvoir certains hommes politiques de cœur plaçant les lois de la conscience et la cause de la justice au-dessus des calculs mesquins et dégradants? Enfin, tout cela ne risquait-il pas de compromettre les projets si laborieusement élaborés par M. Vénizelos?

Il fallait donc encore une fois user largement d'une vaste campagne de presse, déployer une activité inlassable, faire l'impossible pour intervertir les rôles des acteurs du drame, en faisant passer les victimes pour d'odieux bourreaux. Pendant que les troupes grecques massacraient, pillaient et incendiaient, des dépêches lancées d'Athènes, ou des communiqués rédigés non loin de la place de l'Etoile, prétendaient que le mouvement nationaliste dirigé par le général Moustapha Kemal Pacha ne visait qu'à l'extermination des chrétiens. La prophétie de M. Vénizelos et de ses collaborateurs ne se réalisa pas, la conduite de l'armée de Moustapha Kemal donna un démenti formel à ses affirmations tendancieuses, et en fait de massacres et d'extermination, la Commission d'Enquête (en complet désaccord avec M. Vénizelos) constata que toutes les victimes étaient des Turcs.

**

Ce mythe n'ayant pas atteint le but poursuivi, il fallut en trouver un autre. Ces hommes politiques, en quête de succès à tout prix, n'étaient pas en peine de forger d'autres arguments. Ils eurent recours à l'épouvantail du fameux Comité Union et Progrès, synonyme aux yeux des Alliés de l'influence allemande en Turquie. Si cette fiction était prise au sérieux, le mouvement d'Anatolie serait discrédité et se heurterait de ce fait, dans les milieux de l'Entente, à une hostilité irréductible pour le plus grand profit de la cause hellénique.

Mais le monde entier savait que le mouvement d'Anatolie naquit spontanément au lendemain du débarquement grec à Smyrne et qu'il eut pour cause immédiate les monstruosités commises. En peu de temps, le mot « Smyrne » devenait pour tout Turc le symbole de l'Union sacrée pour la défense de l'honneur et du patrimoine national. A la vérité, il s'agissait là uniquement d'une réaction naturelle et vitale d'un peuple que d'aucuns croyaient désormais incapable de sortir de la torpeur dans laquelle il semblait tombé à la suite de tous les malheurs qui se sont abattus sur lui depuis une dizaine d'années.

Le Comité Union et Progrès a perdu avec ses chefs en fuite son organisation et ses principaux moyens d'action; les acolytes des chefs unionistes sont internés à Malte. Quant à Moustapha Kémal qui dirige le mouvement, il est l'adversaire personnel d'Enver qu'il a combattu même aux jours les plus favorables à l'influence allemande. On s'expliquerait mal que cet homme énergique et entreprenant serve maintenant la cause d'Enver discrédité aux yeux du peuple turc, privé de son appui germanique et définitivement privé de toute influence et de toute autorité.

Nous sommes en désaccord complet avec M. Vénizelos, lorsqu'il veut faire l'honneur au Comité Union et Progrès de le présenter comme étant le défenseur des intérêts vitaux de la nation turque; le triste passé des membres du Comité contredit formellement l'apôtre du "Panhellénisme".

La Grèce fut dans l'antiquité le berceau de la mythologie. La prodigieuse fécondité des agents de M. Vénizelos en matière de conceptions politiques apporte chaque jour une preuve nouvelle de la continuité des traditions helléniques, synthétisées dans une mythologie toute moderne.

.*.

La tragédie qu'enfanta cette mythologie coûta la vie à 50.000 Turcs qui périrent dans les plus affreux tourments, avec tous les raffinements d'une cruauté sans exemple, tandis que 300.000 fugitifs errent sans abri, sans pain, autour de la zone d'occupation grecque, fuyant les tortionnaires.

Les « Palikares » dont la bravoure devant des soldats désarmés, devant des femmes, des enfants et des vieillards sans défense, n'a d'égale que l'art consommé des dirigeants helléniques pour travestir leurs désirs en réalités, se sont mis à l'œuvre en donnant libre cours à leur sanguinaire instinct. Ils ont, avec une sauvagerie indescriptible, tué, pillé, incendié et transformé cette contrée heureuse en un vaste désert.

L'état de siège et la présence des troupes grecques ne nous ont pas permis de recueillir tous les détails sur les infamies commises. Nous avons cependant pu obtenir des renseignements précis sur une partie des événements sanglants dont Smyrne a été le théâtre et nous les publions pour les soumettre au jugement des hommes épris de justice.

Nos listes, qu'il serait fastidieux de prolonger davantage, mentionnent seulement les faits les plus graves et les plus caractéristiques et ne dévoilent qu'un tout petit coin de la terrible tragédie qui condamne irrémédiablement ses acteurs, et qui s'est répétée partout avec la même sauvagerie, en violant les lois les plus sacrées de l'humanité.

Après la lecture de ces documents, on comprendra que les Turcs n'aient pas savouré les bienfaits !! de la civilisation grecque moderne que M. Vénizelos avait promis à la conférence de la paix. Il est intéressant de savoir si, après l'opération radicale pratiquée par les troupes helléniques, la majorité grecque, d'imaginaire qu'elle était, est devenue une réalité.

Malgré la suppression brutale de plus de 50.000 Turcs et l'émigration de 300.000 autres, **la Commission d'Enquête constate que "la prédominance de l'élément turc sur l'élément grec est incontestable".** Le Vilayet compte en effet, sur une population de 1.600.000 âmes, 300.000 Grecs et 1.300.000 Turcs (soit pour les Grecs environ 1/5).

Donc, au point de vue ethnique, c'est une région incontestablement turque.

Les alliés qui avaient signé l'armistice avec la Turquie en accord avec l'article 12[1] du programme de M. Wilson ne peuvent aujourd'hui sans se démentir et sans commettre une flagrante injustice, admettre la thèse impérialiste grecque qui viole indiscutablement les principes Wilsonniens.

Au surplus, il y a des raisons impérieuses d'ordre économique qui font pour la Turquie, de la possession de ce Vilayet, une nécessité vitale.

Smyrne, la principale ville du littoral, reliée à l'intérieur par trois lignes de chemins de fer, dont une fait jonction à Karahissar avec la grande ligne d'Anatolie, représente pour toute l'Asie Mineure une et indivisible, la principale et la plus importante voie par laquelle s'opèrent les exportations et les importations.

L'Anatolie privée de son grand port naturel de la Méditerranée, de son artère nourricière perdrait sa vitalité et serait condamnée à un

---

(1). « Aux parties turques du présent Empire Ottoman seront pleinement assurées la souveraineté et la sécurité. »

esclavage économique mortel. La prospérité de la côte étant surtout la conséquence de la production et du libre développement de l'intérieur, la gêne économique qui résulterait de la séparation de la côte retentirait fatalement sur cette dernière qui, à son tour, en souffrirait ; en un mot, la solution demandée par la Grèce n'aboutirait qu'à la ruine économique de l'Anatolie tout entière, y compris le Vilayet d'Aïdin, qui en constitue une partie intégrante, inséparable. Quant aux autres débouchés sur la mer que possède l'Anatolie, il est à remarquer qu'ils sont inutilisables, du moins pendant encore longtemps, par suite de la non organisation de ces débouchés et surtout à cause des trois grandes lignes de chemin de fer sus-mentionnées qui drainent tous les produits vers la côte méditerranéenne, plus directement en relations commerciales avec les Pays de l'Occident. L'exemple de Salonique est instructif ; ce port, jadis si prospère, a perdu beaucoup de son importance depuis que l'arrière-pays dont il dépendait fut partagé entre les nations balkaniques.

En outre, les conditions géographiques de l'Asie Mineure font de ce Vilayet, le rempart le plus naturel du pays, sans la possession duquel nos foyers seraient exposés à toutes les fantaisies de ceux qui l'occuperont, fantaisies qui deviendront inévitablement des sources de discordes, de conflits perpétuels.

Toutes les considérations qui précèdent, et qui sont d'ordre à la fois moral, ethnique, géographique et économique, exigent que le Vilayet turc de Smyrne reste sous la souveraineté turque, sans parler de la disproportion énorme qui existe entre les folles ambitions de la Grèce et le peu de ressources matérielles et morales dont elle dispose. Des évènements graves immédiats engendrés par l'incursion grecque dans cette région, on peut prévoir sans peine quelles peuvent être les répercussions et les conséquences désastreuses de l'installation à Smyrne des Grecs même sous une forme déguisée. Avec les représentants des Alliés nous disons que "le Sentiment national turc n'acceptera pas cette annexion" et nous ajouterons qu'une des sources principales de conflits et de menaces pour la paix dans le proche Orient serait précisément la création d'une frontière commune entre la Turquie et la Grèce.

Il est aujourd'hui incontestable que le facteur le plus puissant des troubles chroniques sévissant dans les pays d'Orient a été la politique de conquêtes de l'Empire des Tzars et de celui des Habsbourg.

L'effondrement russe, le morcellement Austro-Hongrois devraient être considérés à juste raison comme l'aube d'une ère de tranquillité et de libre développement pour ces régions.

Il suffirait pour cela de réduire à leur juste valeur les ambitions démesurées de quelques hommes d'État qui ne disposent en fait de moyens d'action, que de bandes armées chargées de provoquer des troubles et de jeter les populations les unes contres les autres.

Les Grecs ne peuvent et ne doivent prétendre à dominer d'autres peuples alors qu'eux-mêmes ne peuvent s'affranchir de la tutelle étrangère, sans parler de la " Croisade " de Smyrne, qui a sanctionné leur déchéance devant le monde entier.

Le débarquement des Grecs à Smyrne fut une erreur, maintenant reconnue par tous ; les y laisser en serait une autre encore plus grave car ce serait compromettre sans retour la paix en Orient au préjudice de toutes les nations.

Reconnaître le droit incontestable des Turcs en rendant Smyrne à ses propriétaires légitimes fournira au Conseil Suprême une occasion propice, voire unique pour opposer un démenti éclatant à un préjugé hélas trop enraciné et facile à exploiter dans l'esprit de l'Islam, de la partialité constante de l'Europe à son égard et toujours à son détriment. De cette solution juste, de cette décision d'une portée politique considérable bénéficieront les relations de plus en plus étroites des deux mondes qui au fond s'ignorent pour le plus grand malheur de l'humanité.

Docteur NIHAD RÉCHAD.

TÉMOIGNAGES DES ALLIÉS

(Constantinople, le 12 Octobre 1919)

COMMISSION INTERALLIÉE D'ENQUÊTE SUR L'OCCUPATION GRECQUE DE SMYRNE ET TERRITOIRES ADJACENTS

Établissement des Responsabilités

N° 1. — L'enquête a prouvé que depuis l'armistice, la situation générale des chrétiens dans le vilayet d'Aïdin était satisfaisante. Leur sécurité n'était pas menacée.

Si l'ordre d'occupation de Smyrne a été donné par la Conférence de la Paix à la suite de renseignements inexacts, la responsabilité première des événements incombe aux individualités ou aux Gouvernements qui ont établi ou transmis sans les vérifier des renseignements de ce genre tels que ceux dont il est parlé au n° 1 des points établis. (Le Général représentant italien renouvelle à ce sujet les réserves qui sont insérées au procès-verbal de la 37ᵉ séance.)

N° 2. — La cause initiale des événements doit être recherchée dans les haines de religion. Les Grecs n'ont rien fait pour en empêcher les manifestations. **Leur occupation loin de se présenter comme l'exécution d'une mission civilisatrice a pris immédiatement l'aspect d'une conquête et d'une croisade.**

N° 3. — La responsabilité des faits qui se sont passés à Smyrne les 15 et 16 Mai, ainsi que dans les environs immédiats de la ville au cours des premières journées qui ont suivi ce débarquement incombe au commandement militaire supérieur grec ainsi qu'à certains officiers qui ont manqué à leur devoir. Le Gouvernement grec a reconnu cette responsabilité par les sanctions qu'il a prises.

Une part de responsabilité incombe toutefois aux autorités turques de Smyrne qui n'ont pris aucune mesure pour empêcher l'évasion et l'armement des prisonniers de droit commun avant l'arrivée des Grecs.

N° 4. — **Dans la personne de la Haute Autorité civile qui le représente à Smyrne le Gouvernement hellénique est responsable des troubles graves qui ont ensanglanté la zone intérieure du pays pendant l'avance des troupes grecques parce que :**

a) L'Autorité susvisée ne s'est pas conformée aux instructions du Conseil Suprême données par le télégramme du 7/20 Mai de Monsieur Venizelos. Sans avoir demandé aucune autorisation au Représentant de l'Entente, elle a permis au Commandant Militaire de donner le 10/23 Mai, l'ordre d'envoyer des troupes à Aïdin-Magnésie et Kassaba, en dehors des limites du Sandjak de Smyrne.

b) **La même Autorité a volontairement laissé les populations dans l'ignorance de l'étendue de l'occupation. Elle a ainsi contribué à augmenter la surexcitation des habitants musulmans et par suite les désordres.**

N° 5. — La responsabilité des Autorités supérieures grecques est engagée par le fait qu'elles ont permis la circulation de civils armés dans le pays.

Pour quelques-unes de leurs opérations militaires ou de police, elles ont même toléré l'emploi de ces civils armés en même temps que celui de troupes régulières.

N° 6. — La cause première des troubles qui se sont produits dans la vallée du Méandre résulte de l'occupation même, faite sans justification.

Les faits regrettables qui ont accompagné la marche et l'établissement des troupes grecques, sont la conséquence de l'état de guerre dans lequel s'est trouvé le pays dès que ces troupes ont avancé.

Les haines qui existent depuis des siècles entre Turcs et Grecs en ont incontestablement augmenté la fréquence et la sauvagerie.

Les Grecs ne sauraient, en toute justice, en être rendus seuls responsables.

Les mêmes considérations s'appliquent aux événements qui se sont déroulés dans les régions de Pergame et aux environs de Magnésie et d'Eudémiche.

N° 7. — Les Grecs sont, au contraire, seuls responsables du Massacre de Ménémen. Ce massacre n'a pas été préparé. Mais le Commandant Grec, connaissant l'état de surexcitation de ses troupes à la suite de l'affaire de Pergame aurait dû et pu prendre des dispositions pour remettre en main des troupes auxquelles l'énervement, la fatigue et la peur ont fait commettre, sans provocation, un véritable massacre de civils turcs sans défense.

Les officiers grecs présents à Ménémen ont complètement manqué à leurs devoirs.

N° 8. — Bien que la situation actuelle soit meilleure, le calme n'est pas encore rétabli dans le vilayet d'Aïdin.

Presque toutes les transactions commerciales avec l'intérieur de l'Anatolie sont arrêtées.

Cette situation est incontestablement le résultat de l'occupation et de l'état de guerre qui persiste entre les irréguliers turcs et les troupes grecques, bien que celles-ci n'étendent plus leur zone d'occupation.

Les chefs du mouvement national turc, qui agissent de concert avec d'anciens chefs de bandes de brigands, n'ont pas toujours une autorité suffisante sur leurs forces, pour les empêcher de se livrer quelquefois à des incursions. Il en résulte qu'une part des responsabilités leur incombe en ce qui concerne la situation actuelle du pays.

Derrière leur responsabilité apparaît celle du Gouvernement turc, qui, jusqu'à ce jour, n'avait aucune autorité sur les chefs du mouvement national.

Les Membres de la Commission,
Signé : BRISTOL, BUNOUST, HARE, DALL'OLIO.

Conclusions présentées par la Commission

1. — La situation créée à Smyrne et dans le vilayet d'Aïdin par l'occupation est fausse parce que :

a) L'occupation, qui n'avait en principe pour but que le maintien de l'ordre, présente en réalité toutes les formes de l'annexion. Le Haut-Commissaire grec exerce seul une autorité efficace. Les Autorités turques qui sont restées en fonction n'ont plus aucun pouvoir. Elles ne reçoivent plus d'ordres de Constantinople et, par suite de la disparition presque complète de la police et de la gendarmerie turques, elles n'ont plus les moyens nécessaires pour l'exécution de leurs décisions.

b) L'occupation impose à la Grèce des sacrifices militaires considérables hors de proportion avec la mission à remplir si cette mission est temporaire et ne doit avoir pour but que le maintien de l'ordre.

c) **Elle est incompatible dans sa forme actuelle avec le retour de l'ordre et de la tranquillité dont les populations, menacées par la famine, ont grand besoin.**

2. — La Commission estime :

a) que si l'occupation militaire du pays ne doit avoir pour but que le maintien de la sécurité et de l'ordre public, cette occupation ne doit pas être confiée à des troupes grecques, mais aux troupes alliées, sous l'autorité du Commandement supérieur allié en Asie Mineure.

b) que l'occupation par les Grecs seuls ne doit être maintenue que si la Conférence de la Paix est résolue à prononcer l'annexion complète et définitive du pays à la Grèce.

Dans ce cas, la liberté d'action devra être laissée au commandement grec vis-à-vis des forces turques.

c) que l'annexion pure et simple envisagée ci-dessus, serait contraire au principe proclamant le respect des nationalités car, dans la région occupée, en dehors de la ville même de Smyrne (1) et d'Aïvali, **la prédominance de l'élément turc sur l'élément grec est incontestable,**

Il est du devoir de la Commission de faire remarquer que le sentiment national turc, qui a déjà manifesté sa résistance n'acceptera pas cette annexion. Il ne cédera qu'à la force, c'est-à-dire devant une expédition militaire que la Grèce seule ne pourrait conduire avec quelque chance de succès.

3. — Dans ces conditions, la Commission propose les mesures suivantes :

a) **Faire relever le plus tôt possible, tout ou partie des troupes grecques par des troupes alliées beaucoup moins nombreuses.**

b) Si, pour sauvegarder l'amour-propre grec, il est décidé qu'une partie des troupes grecques coopèrent à l'occupation, répartir ces troupes à l'intérieur de la région occupés pour leur éviter tout contact direct avec les forces nationales turques.

c) Dès que l'occupation par les Alliés sera réalisée, exiger du gouvernement turc la réorganisation de la gendarmerie sous la direction et le comman-

---

(1) Le nombre des Chrétiens habitant Smyrne est élevé mais les Chrétiens Grecs sont beaucoup moins nombreux que les Turcs.

dement d'officiers interalliés. Cette gendarmerie devra être mise le plus tôt possible en état d'assurer l'ordre dans toute la région et de remplacer dans ce but les détachements alliés.

d) En même temps que la réorganisation de la gendarmerie, le gouvernement turc devra restaurer l'administration civile.

4. — Les chefs du mouvement national ayant affirmé à plusieurs reprises que leur opposition n'est dirigée que contre les Grecs, ces mesures doivent leur enlever tout motif de résistance armée et rendre au gouvernement central de Constantinople l'autorité qu'il n'a plus.

Rien ne devra plus empêcher le licenciement des troupes irrégulières.

Dans le cas contraire, l'Entente saura enfin le cas qu'elle peut faire des protestations de loyalisme faites par les Turcs, soit par les chefs du mouvement national, soit par les membres du Gouvernement.

Les Membres de la Commission :

L'Amiral BRISTOL
Délégué des États-Unis d'Amérique.
Signé : BRISTOL

Le Général BUNOUST
Délégué de la France.
Signé : BUNOUST

Le Général HARE
Délégué de la Grande-Bretagne:
Signé : HARE

Le Général DALL'OLIO
Délégué de l'Italie
Signé : DALL'OLIO

TÉMOIGNAGES ÉTRANGERS

II

La Ligue de Défense Musulmane (33, Palace Street Westminster) transmet à la Ligue Ottomane par l'entremise de la Société Anglo-Ottomane de Londres, la lettre ci-après d'un officier britannique qui fut témoin des événements de Smyrne.

Smyrne, le 21 mai 1919.

« Je vous écris au sujet des affaires de Turquie. J'espère que vous pourrez trouver des amis à la « Chambre » pour poser des questions au sujet des scandaleux événements qui se sont déroulés à Smyrne lors du débarquement des troupes grecques. Je suis arrivé à Smyrne le lendemain et j'ai eu une connaissance complète de ce qui s'est passé par les récits des Anglais et des Turcs.

« Les autorités turques ont publié, la veille du débarquement, une circulaire enjoignant à tous les fonctionnaires civils et militaires de n'opposer aucune résistance, et les troupes comme les officiers reçurent l'ordre de concentration en certaines positions et à certaine heure dont le G. Q. G. fut aussi avisé.

« L'ordre semble avoir été exécuté, mais les troupes grecques entrèrent par force dans certaines de ces places où se trouvaient des officiers turcs et tuèrent tous ceux qui refusaient de crier : « Zito Venizelos. » On m'a affirmé que deux à trois cents officiers avaient été tués ainsi, mais je ne peux pas statuer exactement sur leur nombre (1).

« Des officiers ont été dépouillés de leur uniforme par les soldats grecs et laissés en chemise et grelottant de froid. Les soldats grecs se sont chaussés avec les souliers pris aux Turcs. Le Vali a été traîné tout le long du quai, les bras levés et emmené comme prisonnier sur un bateau grec. Sa coiffure

---

(1) La Ligue ottomane est en possession d'une liste, laquelle quoique incomplète, renferme à elle seule près d'une centaine de noms d'officiers supérieurs et autres. Les autorités militaires turques n'ayant pas actuellement le moyen d'enquêter sur les lieux, les noms de beaucoup d'officiers se trouvant à Smyrne en garnison ou en congé et qui furent assassinés par les Grecs ne figurent pas sur cette liste. De même les agents et officiers de Police et de Gendarmerie, particulièrement traqués par ces assassins ne sont pas cités. Le nombre de deux à trois cents, rapporté dans la lettre de l'officier anglais est donc au dessous de la réalité.

fut enlevée et foulée aux pieds (1). Sa femme, une dame respectable, fut insultée et sa maison saccagée. Le chef de l'état-major turc fut piqué au visage à la baïonnette, et jeté dans un transport grec parmi les bestiaux (2). Le médecin en chef du corps d'armée turc fut assassiné et jusqu'à lundi dernier son corps n'avait pas été retrouvé (3). Le commandant d'artillerie fut aussi tué (4) et son frère, un jeune docteur, fut dévalisé de tout ce qu'il possédait, jusqu'à sa bague de fiançailles. Il m'a montré les marques faites à ses doigts pour l'enlever et m'a dit que dans certains cas des doigts avaient été coupés pour enlever les bagues. Sa femme, une Russe, fut aussi dévalisée.

« Un lieutenant-colonel turc que j'ai rencontré à l'hôpital, m'a dit que la valeur de ce qu'on avait laissé chez lui ne pouvait suffire à payer le prix d'un dîner. Tout ce qu'il avait, avait été pris et sa femme dépouillée jusqu'à ses plus insignifiants bijoux.

« Ces quelques cas sont ceux que j'ai vus moi-même; partout il en a été de même. Dans les villages, les maisons ne furent pas seulement pillées, mais incendiées et détruites (5). Les maisons des classes plus aisées, qui étaient trop solides pour être facilement détruites, eurent les portes et les fenêtres et parfois même la toiture enlevées.

« Que faisait donc la flotte Alliée en ce moment pour avoir permis que des faits pareils pussent se dérouler librement. Quant aux Grecs, tant militaires que civils, ils avaient tous la main dans ces forfaits et ce n'est que lorsqu'ils ne purent faire autrement que les Turcs ouvrirent le feu. La prétention grecque comme quoi Smyrne serait hellénique est très discutable. Les chrétiens, il est vrai, sont en majorité ici, mais non pas les chrétiens grecs. Entre les Ottomans grecs et les Turcs il y a bien plus de Turcs que de Grecs.

« En d'autres localités, comme à Manissa, que les Grecs vont occuper à ce qu'il paraît, les quatre cinquièmes de la population sont musulmans.

« Il y a peu de villages purement grecs près de Smyrne, mais la masse de la population est musulmane. Est-ce qu'il n'y a pas moyen de faire quelque chose pour envoyer une commission interalliée dont les membres connaîtraient le pays et qui pourraient établir la proportion et les droits de la population?

« Si le principe d'auto-disposition de M. Wilson doit être appliqué, il doit l'être aussi bien pour ce pays que pour un autre. Ce peuple doit pouvoir choisir son mandataire — si on considère absolument nécessaire *de le séparer de la Turquie.*

« Il y a aussi des droits tant anglais qu'étrangers à prendre en considération à Smyrne. Sous le régime capitulaire et grâce aux droits extra-territo-

---

(1) Le général Ali Nadir Pacha, commandant le corps d'armée turc, subit le même sort sans égard à son uniforme et à son grade. Il fut même giflé par un soldat grec, en pleine rue. Nous soulignons particulièrement ce fait. Il dénote le degré de discipline et l'esprit chevaleresque de cette horde.

(2) Lieutenant-colonel Abdul-Hamid bey.

(3) Le médecin lieutenant-colonel Chukri bey. Son corps attaché à une grosse pierre fut jeté à la mer et ne fut retrouvé que douze jours plus tard, soit après la rédaction de la lettre de l'officier anglais.

(4) Il y eut plusieurs commandants d'artillerie tués ou disparus. On veut probablement parler dans cette lettre du major Mahmoud Nedim bey, commandant de l'artillerie lourde et qui fut lâchement assassiné.

(5) Des villages entiers furent ainsi saccagés ou anéantis. A Biroun-Abad, par exemple, une charmante banlieue de Smyrne, habitée par la colonie anglaise, la plupart des maisons turques furent pillées sous les yeux des anglais. Djouma Ovassi, dans les environs de Boudja, encore une banlieue de Smyrne, Gueurédjé et maints autres furent complètement dévastés.

riaux dont ils jouissent dans ce pays, les étrangers ont constitué une communauté commerciale très florissante dont quelques maisons des plus importantes sont anglaises. Est-ce nous qui avons sacrifié tant de sang et dépensé tant de sommes pour la conquête de la Turquie, qui permettrons que nos propres nationaux soient ruinés par la mauvaise administration grecque? C'est un fait connu qu'en Grèce même les maisons anglaises ont été incapables de travailler avec succès.

« En Turquie, les taxes fiscales sont légères, tandis qu'en Grèce les impôts annihilent simplement toute initiative. Est-il juste que cette communauté marchande anglaise soit exploitée au bénéfice de la Grèce? Et aussi, que fera-t-on de l'armée indienne? Que dira la partie musulmane de cette armée quand elle apprendra qu'eux et leurs amis se sont battus, et se sont fait tuer pour remettre un grand nombre de leurs frères musulmans entre les mains de leurs pires ennemis les Grecs, le peuple le plus fanatique qui existe et qui se dit chrétien. Etant en service, je ne puis pas écrire dans les journaux. J'ai peu d'amis qui s'intéressent aux choses de Turquie. D'autre part, ce pays est discrédité chez nous par les calomnies dont on l'accable. Mais si l'on désire quand même réaliser un peu de justice et si vous avez des amis qui peuvent faire quelque chose pour réveiller l'opinion publique, tâchez de les intéresser à cette œuvre. »

Ce ne serait certainement pas travailler pour la paix que de laisser Smyrne entre les mains des Grecs.

Un officier anglais.

Effectivement trois questions furent posées à la Chambre des Communes par les députés Aubrey Herbert et Kenworthy, en réponse desquelles M. Harmsworth, sous-secrétaire d'Etat au Foreign-Office, reconnut en principe le bien fondé des accusations portées sur les Grecs et promit d'enquêter officiellement.

M. Pierre Loti communique la lettre personnelle suivante qu'il a reçue d'un de ses camarades de la Marine française, présent au débarquement des Grecs à Smyrne; il ajoute que tous les autres officiers français relatent cet événement avec la même indignation mais que la censure interdit de la publier en France.

« Le 15 mai 1919, à 7 h. 30 du matin, les cuirassés grecs *Avéroff* et *Limnos*, suivis de plusieurs bâtiments de transport, mouillaient devant Smyrne, et, sans qu'aucune notification de coup de force ait été donnée aux autorités ottomanes, les troupes helléniques commençaient à débarquer, sous le commandement du colonel Zaphiriote. Ces troupes se composaient d'un régiment d'evzones, et des 40me et 50me d'infanterie.

Une foule immense était accourue sur les quais. Le Métropolite avait cru devoir venir attiser l'enthousiasme de la plèbe orthodoxe par des manifestations religieuses d'une opportunité contestable.

Les Turcs, cependant, n'avaient opposé aucune résistance au débarquement, leurs troupes étaient restées enfermées dans les casernes. Mais *on* avait préparé de longue main le *petit incident* qui devait permettre « aux fiers conquérants » de se livrer impunément à des sévices, longuement prémédités, sur la population musulmane. Comment cet incident désiré ne se serait-il pas produit? Les agents provocateurs étaient bien à leurs postes, et, pour plus de sûreté, la Croix-Rouge hellénique avait équipé les deux bandes de comitadjis les plus ignobles de Macédoine, et celles-ci avaient été transportées en Asie-Mineure par des torpilleurs grecs (1).

A force de provocations et de fanfaronnades, on parvint à faire perdre patience aux Turcs; quelques coups de feu partis, ou soi-disant partis de leurs rangs, donnèrent le signal attendu du massacre. Les Grecs se ruèrent dans les casernes, dont les occupants furent tués ou blessés.

Sur les quais, on dévoile, on insulte les femmes turques. On crie aux Musulmans :   « J'em... ton prophète et ta religion. »   On les oblige à enlever leurs fez et à les fouler aux pieds. S'ils refusent, on les jette à la mer ou on les larde de coups de baïonnette.

Dans leur fureur stupide, les Grecs massacrent une quinzaine de leurs compatriotes, qui portent la coiffure ottomane en qualité de fonctionnaires; ils assassinent le chef de la gare du chemin de fer français, deux Italiens et un sujet anglais, etc.

Le commandement hellénique ayant décrété l'état de siège, le meurtre et le pillage sont désormais sous la protection de la force armée. Le 40me d'infanterie pactise avec les voleurs et les assassins; les autres régiments ne tardent pas à les imiter. On emprisonne les Turcs en masse et on met leurs maisons à sac.

Mais les Grecs ne s'en prennent pas seulement aux biens des Musulmans : ils pillent le dépôt de la Banque Ottomane, le garde-meubles du Consulat de France, etc...

On a eu l'infamie de donner des armes aux *Palikares*, autrement dit aux bandits qui forment la populace grecque de Smyrne. On en a donné aussi à leurs femmes, et ces dernières s'en servirent pour outrager les cadavres des Turcs entassés à l'hôpital ottoman.

Les rues continuent à présenter l'aspect de tous les crimes et de toutes les lâchetés.

Un vieux colonel turc, malade et quasi impotent, est rencontré par les *Palikares* (c'est-à-dire *braves*); il est criblé de coups de baïonnette. Aux

---

(1) Il est établi par les rapports des diverses autorités que les apaches grecs de Smyrne, qui étaient venus accueillir les forces helléniques et les avaient encadrées, portaient tous ouvertement des revolvers. Soit intentionnellement, soit accidentellement un coup de feu parti de leur rang, occasionnant une panique indescriptible parmi les « fiers conquérants » fraîchement débarqués, les braves evzones fuyaient dans toutes les directions en tirant des coups de feu, ce qui accentua les désordres. C'est alors que d'autres troupes grecques qui suivaient les premiers contingents ouvrirent le feu contre la caserne turque non défendue. Malgré tous les signes qui leur furent faits, malgré le drapeau blanc immédiatement hissé, les Grecs continuèrent à tirer contre les officiers turcs désarmés la veille.

portes de la ville, trois gendarmes sans armes rentrent paisiblement chez eux en voiture, ignorant tout à fait ce qui se passe à Smyrne : ils sont massacrés avec des raffinements de cruauté.

Sur un autre point, un officier de notre marine aperçoit une patrouille grecque emmenant un vieillard, sur la tête duquel un caporal frappe à grands coups de crosse.

— « Pourquoi frappez-vous ainsi ce vieil homme désarmé? demanda-t-il au gradé. »

— « Parce que c'est un homme dangereux. On a trouvé chez lui des armes. »

— « Quelles armes? »

Vérification faite, ces armes se composaient de 200 grammes de petit plomb, 100 grammes de poudre de chasse, et deux douilles vides!

Parfois, Mars doit céder le pas à Mercure. Des patrouilles circulant dans les rues, d'honnêtes Hellènes du cru s'offrent à les guider chez tel ou tel homme *dangereux*, qu'ils leur désignent. Comme cet homme dangereux se trouve toujours, par un heureux hasard, être le créancier de son dénonciateur, son compte est vite réglé.

Pendant ce temps, les Turcs faits prisonniers ne reçoivent rien à boire ni à manger. Des officiers anglais vont les visiter, ils protestent contre cette odieuse inhumanité. Effrayée, l'autorité militaire hellénique permet aux femmes turques de porter de la nourriture aux captifs; quand elles se présentent avec leurs provisions, les jeunes gens grecs les bafouent, les dévoilent et ne les laissent passer que si elles portent à la main un drapeau de papier aux glorieuses couleurs de la Hellade.

Telle est la vérité sur le guet-apens de Smyrne, et nous espérons que la lumière se fera jour, en dépit de tous ceux qui *gagnent* à ce qu'elle reste sous le boisseau. Le bilan de l'entrée des Grecs à Smyrne se monte à 300 Turcs morts et 600 blessés (1).

Voici comment les journaux français racontent cette mémorable journée :

« Les troupes grecques ont débarqué à Smyrne au milieu de l'enthousiasme universel. »

Cependant l'enthousiasme du premier moment commençant à se refroidir, le commandement des troupes helléniques se demanda si, malgré le philhellénisme béat de l'Entente, l'affaire de Smyrne ne révolterait pas le public, si celui-ci venait à savoir comment les choses s'étaient passées. Il crut donc bon de courir au-devant des critiques, et publia un ordre flétrissant la conduite de « quelques gens sans aveu », dont le Conseil de guerre ferait bonne justice.

Nous avons la parfaite certitude que ces *gens sans aveu* n'ont rien à redouter de la corde ni de la potence, malgré leurs droits acquis, et que, tout au contraire, ils vivront désormais honorés et à l'abri du souci.

« Les événements de Smyrne, écrivait à ce sujet le journal turc *Hadissal*, « ont fait voir que la Grèce est non seulement incapable de se charger d'un « mandat sur un autre pays, mais qu'elle a besoin elle-même d'un contrôle. »

Si l'on désire connaître l'opinion d'un Arménien, que nous ne saurions soupçonner d'une grande partialité en faveur des Turcs, voici comment il apprécie les exploits des descendants de Périclès :

« Nous avons *souvent été assassinés*, disait-il naïvement, mais jamais les

---

(1) Voir note page suivante.

« Turcs n'ont fait sur nous ce que les Grecs ont fait sur eux, et jamais *ils*
« *n'ont insulté comme cela à nos croyances.* »

Laissons le mot de la fin au chef d'une des divisions de l'escadre, dont
le rapport conclut ainsi :

« La conduite des Grecs a été ignoble. »

L'Albanais Zuber Tafa, né à Louma, de la colonie albanaise de Smyrne, qui a pu, grâce à sa connaissance de la langue hellénique, y résider encore un mois après le débarquement des Grecs, en est reparti, via Anatolie, pour Constantinople, d'où il est rentré en Albanie. Voici le témoignage qu'il a fait sous serment : (1)

« Les atrocités et le vandalisme commis par les Grecs ne sont pas de ces
crimes que la langue humaine puisse décrire; car ils constituent des hyper-
crimes qui ne trouvent de mots dans le vocabulaire le plus riche soit-il.

« A Smyrne et dans la province d'Aïdin partiellement occupée par les
Grecs, les premières victimes sont évaluées à plusieurs dizaines de mille;
mais ce chiffre ne doit pas être pris pour lui-même, car à considérer le genre
de mort et les tortures de toutes sortes subies par les victimes, il faudrait mul-
tiplier ce nombre par cent.

« Quant aux détails de ces horreurs, le souci de la honte et de la pudeur
ne me permet pas de les énumérer quand il s'agit des mères et des sœurs
musulmanes. Le nombre des seules fillettes martyres de moins de dix ans qui
ont succombé au viol atteint un millier.

« La colonie albanaise, de dix à douze mille âmes, de la ville de Smyrne
et de la province, a eu la douleur de voir, en outre de leurs coreligionnaires
turcs massacrés, plusieurs centaines de ses paisibles travailleurs.

« A Smyrne, des officiers ottomans, dont quelques-uns d'origine albanaise,
après avoir été affreusement blessés et jetés à terre, ont été sommés de crier :
« Vive la Grèce! » Mais ayant opposé un refus impassible et plein de dignité,
on les acheva avec une brutalité sans nom. »

---

(1) "Le Monde Oriental et l'Avenir de la Paix" par Basri bey, page 226.

Protestation des chefs religieux grec et arménien de Denizli, remise aux Hauts Commissaires de l'Entente en Turquie.

Les forfaits commis par les troupes helléniques d'occupation dans la région d'Aïdin et ses environs constituent en atrocités des crimes inconcevables et sans exemple dans l'histoire. Des villages et villes d'une assez grande importance, des richesses immenses et des milliers d'êtres innocents ont été faits sans pitié la proie des flammes. Les ravages de cette main meurtrière qui continue à perpétrer d'horribles crimes acquièrent une plus grande extension dont les funestes conséquences portent atteinte à la sécurité publique et à l'harmonie entre les éléments du pays. Nous, qui depuis plus de six cents ans, vivions heureux sous l'égide de l'Empire Ottoman, nous ne pouvons pas tolérer la continuation de ces actes criminels. Une pareille attitude de notre part nous mènerait sans doute à l'extermination. Tandis que les Hellènes sèment l'horreur par leurs crimes tout près de nous, nous jouissons des bienfaits et de la haute protection et de l'aide du gouvernement ottoman et personne d'entre nous n'a été l'objet de la moindre attaque.

C'est avec effroi et indignation que nous réprouvons les forfaits de cette force d'occupation hellénique dont le seul but est de poursuivre une politique d'extermination dans le pays.

Au nom de l'humanité et du salut public, nous nous adressons à la haute bienveillance des Grandes Puissances pour les prier de vouloir bien prendre en sérieuse considération, afin de faire cesser le plus tôt possible, ces horribles carnages.

Copie conforme à l'original, Bureau de poste de Denizli, 9 juillet 1919.

Locum tenens du métropolite et président de la Communauté grecque de Denizli.

Le prélat :
HRISSOSTOMOS.

Locum tenens du métropolite de la Communauté arménienne.

Le prélat :
BABKEN.

LES ATROCITÉS
RÉGION DE SMYRNE

Copie du rapport adressé au Ministère de la Guerre par le Général Ali Nadir Pacha, commandant le 17ᵉ corps d'armée à Smyrne.

1. J'avais prévenu Votre Excellence de la communication officielle qui m'a été faite par l'amiral anglais Callthrop le 14-5-19 à 9 h. du matin et m'annonçant l'occupation par les forces ententistes des points fortifiés de Smyrne d'après les clauses de l'article 7 de l'armistice. Elle m'informait aussi que cette décision avait été portée à la connaissance de la Sublime-Porte. Votre Excellence m'avait répondu qu'il fallait naturellement se conformer aux clauses de l'armistice et ne pas prêter l'oreille aux bruits persistants de l'annexion à la Grèce de la ville de Smyrne, bruits que je n'avais pas manqué non plus de communiquer à Votre Excellence.

2. Le même jour à 11 h. 30 a. m. l'amiral Callthrop me communique la note suivante :

« D'après le septième article de l'armistice et avec le consentement des Puissances de l'Entente, Smyrne sera occupé par les troupes helléniques. Les transports devant les amener commenceront le débarquement demain matin à 8 heures. Dès 7 heures, des détachements de marins hellènes occuperont les échelles de débarquement. Pour prévenir tout incident regrettable et tout malentendu, toutes les troupes se trouvant dans les parages des passeports jusqu'à la pointe, sauf les postes de police et de gendarmerie, devront se concentrer à la caserne et se conformer aux décisions du commandant du corps d'occupation. Les bureaux du Télégraphe et de la Poste seront immédiatement occupés par un détachement anglais pour empêcher toute communication avec l'extérieur. » La note se terminait par la menace de maintenir au besoin l'ordre et la tranquillité au moyen des forces navales Ententistes présentes dans le port. Le cas a été porté à la connaissance de Votre Excellence le 15-5-19 à 1 h. p. m., et des ordres ont été immédiatement donnés en vue de se conformer aux prescriptions de la note et pour le maintien de l'ordre.

3. Le 15-5-19 les détachements grecs débarqués se dirigèrent à 11 heures du matin vers la caserne. A la tête des troupes un grand drapeau hellène était porté par des Grecs indigènes qui les entouraient et précédaient en masse compacte en criant : « zito Venizelos » et en applaudissant frénétiquement. C'est dans cet état que la foule et les soldats commencèrent à défiler. Dans la caserne les officiers et les troupes du corps d'armée, du bureau de recrutement de la 56ᵉ division, du régiment de cavalerie et de divers corps de troupes étaient à leur poste. Le cortège avait déjà dépassé et contourné la caserne en faisant un détour à droite dans la direction du tramway,

quand un coup de feu partit, tiré très probablement par un manifestant grec. Les troupes hellènes prirent alors immédiatement position contre la caserne et ouvrirent un feu nourri; une mitrailleuse légère postée non loin de là participa aussi à la fusillade. Les officiers, surpris par la soudaineté et l'énergie de l'attaque se réunirent dans les corridors de la bâtisse contre laquelle le feu n'était pas d'un grand effet.

Convaincu que l'incident provoqué était prémédité dans le but de désorganiser le rouage administratif turc et d'en profiter pour léser les droits des paisibles habitants et comprenant d'autre part que pour remédier à cet état de choses il n'y avait pas d'autre moyen que de faire cesser le feu, je mis tout en œuvre pour y arriver. Mais chaque tentative effectuée de notre part faisait redoubler la fusillade. En désespoir de cause je fis attacher un drapeau blanc à une longue hampe et le suivant je me portai en personne vers les troupes grecques. Je les vis alors, officiers et soldats se précipiter sur nous baïonnette au canon. D'ailleurs pour démontrer que nous n'avions absolument pas riposté et pour ne pas laisser place au doute, moi et mon entourage nous étions sans armes. Là je me suis arrêté. Notre présence qui aurait dû imposer le calme à l'armée la moins disciplinée, les exaspéra au contraire et le feu continua encore un certain temps.

4. A partir du moment où nous avons franchi la porte de la caserne, commença pour nous une suite de crimes et d'insultes qu'aucune histoire n'a jamais enregistrée jusqu'ici. On n'a jamais attenté à la dignité des gouvernements comme des militaires de la façon dont ces gens le firent pour nous. Sans aucune distinction de rang et de grade, moi y compris, on s'est attaqué avec les plus grossières injures aux officiers désarmés. Sous une pluie de coups de baïonnette et de crosse, on les fouilla, on vola tout ce qu'on trouvait sur eux; mouchoirs, montres, portefeuilles, tabatières, bagues, argent, etc. On déchiqueta et on piétina nos coiffures militaires. Puis entouré d'une foule qui tout le long du chemin vomissait des injures immondes, on mit en marche ce triste convoi. Les officiers hellènes qui se trouvaient là, loin d'empêcher ces abus indignes, excitaient au contraire, par leurs attitudes et leurs gestes, cette populace grossière et aux instincts bien bas.

5. Alors un spectacle des plus horribles, une scène à faire frémir d'indignation le cœur le plus endurci, le plus blasé, se déroula tout le long du parcours. Les troupes d'occupation rangées des deux côtés, et la populace grecque armée de révolvers tiraient au jugé sur le convoi et à chaque pas frappaient les officiers avec des fers, des poignards et autres objets qui se trouvaient sous leurs mains. Des gens se trouvant sur des bateaux grecs ancrés dans le port, sur les balcons des maisons et des appartements, dans les cafés et autres, tous Grecs indigènes ou soldats hellènes, tous participaient plus ou moins d'une façon ou d'une autre à cet affreux supplice. Les officiers, les mains en l'air, furent obligés de crier des « zitos ». Beaucoup d'entre eux ainsi que des soldats ont succombé aux coups ou ont été tués ou blessés par les armes. C'est devant la Banque d'Orient et près d'un torpilleur grec amarré au quai que nous avons été le plus exposé au feu. Tout ceci se déroulait sous les yeux des étrangers, des officiers et soldats des unités navales de l'Entente présents à ce moment. Quoique nos pertes n'aient pas été entièrement déterminées on peut compter plus de 40 tués et 60 blessés; parmi les victimes on peut citer le chef du bureau de recrutement du IVme Corps d'Armée, le colonel Suleiman Fethi bey, le colonel d'état-major Ali bey, le médecin en chef lieutenant-colonel Chukri bey, et le chef d'état-major Abdul Hamid bey et bien d'autres.

6. Dans les bateaux plus d'une trentaine d'evzones chargés de fouiller derechef les officiers se conduisirent comme il fallait s'y attendre, de la pire façon. Ils ne leur ménageaient aucune injure, aucune humiliation.

7. Moi, y compris tous les officiers, nous avons été conduits dans les cales des bateaux auprès des animaux. Après 6 à 7 heures de mauvais traitements et de détention, moi, le chef d'état-major Abdul Hamid bey et le commandant de la 56me division nous avons été conduits à la caserne dans le but d'achever dans un délai de deux heures l'évacuation de la ville.

8. Les officiers restés dans le bateau furent bien plus tard conduits au fur et à mesure dans les cabines de seconde classe. Dans ces cabines pouvant contenir tout au plus trente personnes, on entassa environ cent cinquante officiers et une grande partie des agents de police et des civils qui avaient été arrêtés. Durant les 48 heures qui s'écoulèrent jusqu'à l'arrivée des officiers alliés, on ne leur donna absolument aucune nourriture, et dans la suite on se contenta seulement de distribuer du pain sec, du fromage et quelques figues. Les officiers blessés furent pansés à peine sans aucun souci de bien faire, et l'un d'eux dont l'état était très grave, resta deux jours sans soin et sans pansement. Ils ne pouvaient respirer de l'air frais que pendant quelques minutes qu'on les laissait monter sur le pont toutes les trois ou quatre heures. Je renonce à vous citer tous les détails de l'affreuse misère endurée par le corps des officiers durant leur internement.

9. A la suite de nos démarches continuelles nous parvînmes le 18-5-19 à retirer les officiers de cette situation douloureuse; on les conduisit de nouveau à la caserne, d'où quelques heures après, les mariés purent à l'aide de permis délivrés par les autorités militaires hellènes, retourner chez eux, tandis que ceux qui étaient célibataires étaient retenus à la caserne.

10. Voici en résumé les faits qui se sont passés à la caserne et dans les autres bâtiments militaires.

Toute la caserne a été l'objet d'attaques et de vols; les caisses du Corps d'Armée, le bureau de recrutement de la 56e division, et du bataillon de génie contenant environ plus de cent cinquante mille livres ont été complètement pillés. Tous les effets des soldats et des officiers ont été volés.

11. Les soldats et officiers appartenant à des corps de troupe situés en dehors de la caserne ont été arrêtés isolément, frappés, injuriés, volés et les caisses de ces établissements ont été également pillées.

12. Les officiers ainsi dépouillés de tout ce qu'ils avaient sur eux se trouvent dans un état de dénuement complet. En outre les maisons de la plupart d'entre eux ont été complètement saccagées. Un certain nombre des familles d'officiers ont eu encore à subir les outrages de la part des bandits grecs.

Par conséquent, tous les officiers de Smyrne sont aujourd'hui abattus, dénués et profondément affligés.

13. Les corps de troupes d'Aïvalik, de Magnésie, d'Aïdin, de Seuké et d'Antalia relevant de mon commandement n'ont pu jusqu'ici communiquer avec moi. Je vous aviserai immédiatement dès qu'il leur aura été possible.

Veuillez agréer Monsieur le Ministre, etc.

ALI NADIR PACHA.

Rapport chiffré adressé le 20-5-19, au Ministre de la Guerre par Ali Nadir Pacha, commandant le 17ᵉ corps d'armée à Smyrne.

Les victimes des événements tragiques qui ont accompagné l'occupation de Smyrne sont les suivantes :

Parmi les officiers supérieurs et subalternes :

Tués : Le chef du bureau de recrutement Suleiman Fethy Bey, l'écrivain de troisième classe de la première section de l'Etat-Major Nadir Bey, l'écrivain de troisième classe de la première section de l'Intendance Ahmed Hamdi, le secrétaire du régiment Fethi Bey, le lieutenant major de la seconde section de l'Intendance Hussein Nedjati Bey, le médecin en chef du corps d'armée lieutenant colonel Chukri Bey, le pharmacien en chef capitaine Admed Effendi, le lieutenant Faïk de la compagnie du génie et le capitaine Nazmi Bey du bureau de recrutement.

Blessés : Le chef du bureau d'inspection Ali Bey, du même bureau lieutenant colonel Djemil Bey, le chef d'état-major Abdul Hamid Bey, les secrétaires Sadeddin, Zihni Haïri, Nazim, Akif, Ibrahim Effendis, le lieutenant aide de camp Néchet, le colonel chef de la troisième division Abbas Beys. L'aide de camp du corps d'armée Behæddin, le capitaine Nussouhi, les lieutenants Galib et Djélal, le mécanicien télégraphiste Selaheddin, le lieutenant d'intendance Zia, le capitaine du projecteur Haïri, le lieutenant attaché à l'état-major de la 56° division Rifat et le lieutenant Mehmed Ali Effendis.

Disparus : Le lieutenant de cavalerie Chukri, le secrétaire Halil, le capitaine Mehmed Noury, le major Houloussy Beys, le lieutenant aviateur Osman, les lieutenants Ihsan, Ibrahim Hakki, Kutchuk Haïri, le commandant de batterie major Aziz, le capitaine d'artillerie Hassan Fehmi, les lieutenants d'artillerie Surouri Haïri, Edhem et Halid, les lieutenants Chukri, Halim, Murteza, Kémal, l'adjudant Ali Yaver, le commandant des obusiers de campagne major Mahmoud Nedim du même corps, les capitaines Seid Ali, Djélal, les lieutenants Tewfik et Aziz et Ghalib Effendis.

Jusqu'à présent nous n'avons aucune nouvelle sur la vie et la mort de ces officiers. Je ne manquerai pas de vous aviser au fur et à mesure que j'aurai des renseignements sur eux.

ALI NADIR PACHA.

Au Commandant Général de la Gendarmerie à Constantinople.

Constantinople, le 5 juin 1919.

En ma qualité d'officier de gendarmerie et d'ordonnance du Gouverneur général de Smyrne, je considère comme un devoir militaire et patriotique de vous exposer ci-dessous, dans leur détail, les événements qui se sont déroulés au cours de l'occupation de Smyrne par l'armée hellénique; ainsi que les injures et les cruautés de toutes sortes auxquelles ont été exposés nos fonctionnaires civils et militaires, et notamment les officiers et hommes de troupe de gendarmerie ainsi que la population musulmane, femmes, enfants et vieillards compris.

Le 15 mai à 10 heures du soir, l'amiral Calltrop remit une note au Gouverneur Général pour l'informer que le 16 au matin, Smyrne et ses environs seraient placés sous l'occupation militaire hellénique. On vit en effet, ce matin-là, de très bonne heure, plus de vingt transports qui avaient amené dans le port la première division hellénique. Là-dessus parut une proclamation rédigée en turc et en grec et signée par le colonel Zaffirion. Le détachement des forces d'occupation qui fût débarqué le premier sur le quai, alla occuper le bureau des transports de la police. Les agents de police et les gendarmes qui se trouvaient dans ce bureau, furent par conséquent retirés et ramenés au siège du Commandement du régiment de gendarmerie. Ils étaient à peine arrivés, qu'on vit s'avancer vers la caserne, en suivant les quais, un bataillon d'evzônes hellènes précédé de son Commandant à cheval et suivi lui-même par un officier de grade subalterne portant l'étendard hellénique. Un grand nombre de femmes et d'enfants grecs précédaient et accompagnaient ce bataillon. Les représentants de l'armée grecque ainsi qu'une grande partie de membres affiliés à l'organisation de la « Megali Idea » (Grande Idée) le suivaient également, *revolver au poing*. La foule comme les soldats grecs passèrent devant la caserne avec ordre et en toute tranquillité. Au moment où ils tournaient le coin de la rue et se trouvaient éloignés d'environ deux cents mètres de la caserne, une détonation fut entendue. C'est un des individus armés de revolver, et qui accompagnaient le bataillon hellène qui a dû tirer; peut-être l'a-t-il fait involontairement, par accident. Quoi qu'il en soit, la détonation sema la panique parmi les militaires hellènes, et officiers comme soldats se mirent à fuir dans toutes les directions et principalement dans celle d'où ils étaient venus. Les détachements qui les suivaient prirent alors position dans le jardin situé entre le palais du Gouverneur général et la caserne et prenant pour cibles les portes et fenêtres de la caserne ils ouvrirent un feu très violent. On ne ripostait d'aucune part. Malgré cela, on entretint la fusillade pendant plus d'une demi-heure. Des femmes et des enfants turcs qui se trouvaient là pris de terreur, s'étaient réfugiés dans les escaliers à l'entrée de la Banque Agricole, croyant être plus ou moins à l'abri de la fusillade; ils furent massacrés sans pitié. Littéralement un véritable ruisseau de sang coulait à travers les marches de l'escalier, formant une mare devant le bâtiment de la Banque.

Dans la proclamation qu'il avait fait afficher le matin de bonne heure, le Commandant des troupes d'occupation helléniques invitait les fonctionnaires administratifs et judiciaires à continuer à exercer leurs fonctions comme par le passé. Confiants aux termes de cette proclamation, tous les fonctionnaires du gouvernement turc se trouvaient à leur poste. Mais quand ils virent les soldats hellènes monter à l'étage supérieur du casino militaire, situé en face du palais du gouvernement, et de là diriger une vive fusillade sur ce palais, tous ces pauvres gens menacés allèrent instinctivement se grouper autour du gouverneur général pour attendre la suite des événements.

La pièce où étaient réunis le vali et les fonctionnaires ainsi que les officiers de gendarmerie se trouvait dans la partie du konak relativement la moins exposée. Il fut décidé de faire comprendre aux Grecs, au moyen d'un drapeau blanc hissé à la façade, qu'on ne faisait pas feu du konak et qu'on devrait cesser la fusillade au moins de ce côté. Mais rien n'y fit. Le feu continuait de plus belle et quand enfin il cessa à l'extérieur, nous entendîmes soudain des coups de feu tirés à l'étage inférieur du palais gouvernemental. Les assaillants avaient pénétré dans le konak. Mais nous imaginant — à tort d'ailleurs comme nous l'avons trop vu plus tard — qu'il y aurait sûrement un officier à la tête de ces assaillants et à qui nous pourrions faire entendre raison, nous ouvrîmes toutes grandes les portes de la chambre du gouverneur-général et nous invitâmes, en grec, les soldats qui montaient déjà, à y pénétrer. Deux evzônes, baïonnette au canon, pénétrèrent dans le salon. On leur fit entendre à plusieurs reprises que cette pièce était le siège du Gouvernement et que le gouverneur-général s'y trouvait en personne. Mais les deux soldats se mirent à proférer des menaces et des injures en grec et en turc et nous ordonnant d'avoir haut les mains, nous contraignirent tous à descendre. Sur l'escalier, en dehors de la pièce où nous étions réunis, d'autres evzônes, baïonnette au canon, s'étaient alignés. Tout le monde défila devant ces brutes. Sans égard à leur rang, les plus hauts fonctionnaires mêmes reçurent des coups de crosse, furent piqués avec des baïonnettes et plusieurs furent sérieusement blessés.

A l'étage inférieur, les soldats hellènes obligèrent tout d'abord les fonctionnaires à piétiner leurs fez et leurs calpaks (coiffures). Ceux qui hésitaient se voyaient enlever leur coiffure à la pointe de la baïonnette. C'est ainsi que bien d'entre eux furent blessés à la tête ou au visage. Les Grecs indigènes s'étant également joints aux militaires hellènes, les fonctionnaires civils furent pour la plupart violemment battus à coups de crosse, de bûches ou de barres de fer. Sous prétexte de chercher des armes, ils furent fouillés et, bien entendu, dépouillés de tout ce qu'ils avaient sur eux. Les militaires hellènes arrachèrent leurs uniformes à nos officiers de gendarmerie qui furent, comme les autres, l'objet d'odieux traitements. Encadrés de plusieurs soldats qui les gardaient, baïonnette au canon, tout ce monde fut conduit vers le quai. On obligeait sous la menace des baïonnettes à crier : « Zito Venizelos »; les bras en l'air, les têtes nues, ce triste convoi — qui ne fait certes pas honneur aux Hellènes qui l'ont organisé — fut ainsi conduit pendant un certain temps. Une certaine distance était déjà parcourue quand le représentant de la Grèce arriva en automobile et partit en emmenant le Gouverneur-Général et son fils. Les autres furent, sans rime ni raison, battus, insultés, blessés à coups de baïonnette et même tués. Traînés tout le long du quai, l'artère la plus importante de la ville, aucune injure, aucune humiliation ne fût épargnée à ces pauvres gens. Les Représentants militaires des Puissances de l'Entente se trouvant dans les vaisseaux de guerre amarrés dans le port, les étrangers et les notables habitant les bâtiments sur le quai furent les témoins de ces forfaits.

Plusieurs de nos officiers et fonctionnaires, désarmés et sans défense, escortés par des détachements helléniques, furent massacrés par eux et sous les yeux mêmes des étrangers. Les Grecs indigènes s'étaient armés pour la circonstance, de bûches, de barres de fer, de chaînes et toutes sortes d'autres instruments de violence. Quand un groupe d'officiers, escorté arrivait devant les bureaux de la douane, les réguliers hellènes et les Grecs indigènes se ruaient en masse sur eux les criblant de coups. L'adjudant-major, Nedjati Effendi, fut ainsi assassiné par des tortures incroyables. Son fils, âgé de 8 à 10 ans, qui était ce jour-là auprès de son père, fut traîné avec lui, et assista à son tragique dénuement. Fou de douleur, sous des convulsions de larmes et des cris angoissants, il se jeta sur le cadavre sanglant et déchiqueté de son père. C'était horrible à voir. Le malheureux petit reçut aussi un coup de baïonnette; aucun sentiment humain n'effleure un cœur grec. Ils le prouvèrent. Nos officiers et nos fonctionnaires divisés en plusieurs groupes, furent pendant tout le parcours du konak et de la caserne jusqu'au bureau des passeports l'objet d'insultes les plus grossières de la populace grecque. Les dames grecques, les élégantes de la haute société se faisaient particulièrement remarquer par leurs exaltations et leur zèle à proférer les injures les plus immondes. Elles leur lançaient tout ce qui tombait sous leurs mains délicates (!), pierres, mottes de terre, débris de tuiles, etc. Quelques-unes mêmes ont tiré des coups de revolver pour mieux prouver qu'elles étaient les dignes moitiés des Grecs modernes.

En dehors des fonctionnaires et des officiers, tous les Turcs et Musulmans qui ont été ce jour-là rencontrés dans les rues et à la campagne furent, sans en excepter les petits enfants, arrêtés et emprisonnés en divers endroits avec les mêmes procédés. Les élèves en bas âge de l'Ecole Sultanié (lycée) sise à côté du konak, furent, eux aussi, emprisonnés et victimes des mêmes traitements. Ces malheureux enfants furent battus et martyrisés d'une façon vraiment inhumaine. Tous les détenus étaient emprisonnés en groupe à la Bourse des céréales, aux Dépôts de farine, dans les boutiques vides et dans les Dépôts à bestiaux. Ils furent laissés pendant trois jours sans nourriture. Et quand ils furent remis en liberté, plusieurs d'entre eux, pères de famille, rentrés chez eux, se trouvèrent en présence d'une nouvelle tragédie.

Le jour et le soir où les fonctionnaires et les habitants furent jetés en prison, les Grecs indigènes, conduits par les boy-scouts grecs, pénétrèrent dans les demeures de plusieurs officiers ou employés de l'Etat. A part le pillage en règle aucun forfait ne fût épargné. Un Monsieur musulman, dont l'adresse et le nom sont connus, vit sa femme violée en sa présence par la soldatesque hellène. Le marché musulman, ainsi que les boutiques des Musulmans, se trouvant dans les quartiers habités par les chrétiens, furent complètement pillés, les caisses brisées et le contenu vidé. Les bureaux des autorités furent complètement mis sens dessus dessous. Les tiroirs des pupitres furent ouverts à coups de baïonnette, tous les documents anéantis. Tous les coffres-forts appartenant aux diverses administrations de l'Etat furent brisés à l'aide d'instruments spéciaux, et leur contenu volé. Rien n'y fut laissé. On emporta jusqu'aux plumes et les encriers. Les fauteuils en maroquin qui se trouvaient dans la chambre du Gouverneur furent coupés pour emporter les maroquins. Tous les appareils téléphoniques furent détruits ou rendus inutilisables. Tout l'ameublement de la caserne fut jeté par les fenêtres et se brisa au point de ne plus servir à rien.

Encore pendant cette funeste journée, les Grecs ont massacré tous les agents et gendarmes rencontrés dans les endroits isolés à l'intérieur et à l'extérieur de la ville. Quinze jours après ces événements, on retirait encore plusieurs cadavres de la mer. Les corps putréfiés de trois agents de police, liés les uns aux autres par des chaînes qu'on avait fait passer à leur cou, furent rejetés par la mer sur le quai du parc en face du palais gouvernemental. Ce fait attira sérieusement l'attention.

A l'endroit dit Bos-yaka, neuf personnes, et à Sidikeuy et dans ses environs plusieurs musulmans dont le nombre n'est pas encore établi furent massacrés et leurs dépouilles laissées pendant plusieurs jours sans sépulture. Aucun musulman n'a osé les ensevelir.

Le colonel Suleiman Fethi Bey, président de la Commission de recrutement du 4ᵐᵉ corps d'armée, le vice-major Nedjati, ainsi que Tahsin Redjeb Beys, propriétaire du journal *Houkoukou-Bécher* (Les Droits de l'homme), qui a été mis en pièces sur le quai même, sont les principaux martyrs de marque connus. Il se trouve parmi les tués beaucoup d'autres de nos coreligionnaires dont l'identité n'est pas encore établie. Il y a, en outre, un nombre important de tués par des balles égarées.

Je faillirais à mon devoir, si je ne vous faisais pas part d'une regrettable constatation que j'ai faite au cours de ces événements. Comme je l'ai déjà dit, ces crimes et forfaits ont été perpétrés en plein jour et sous les yeux de milliers d'étrangers, des représentants diplomatiques militaires de l'Entente. Les officiers américains caracolaient un peu partout dans la ville et ont été, comme bien d'autres les témoins oculaires de tous les forfaits ignobles dont les Grecs se sont rendus coupables. Je regrette de le dire, mais ils n'ont rien fait, pas un geste pour les empêcher.

Le 9 juin 1919. Certifié conforme à l'original :

Le Commandant général de la Gendarmerie ottomane,
(*signé*) Colonel ALI KÉMAL.

Rapport de la Commission Militaire Turque à Smyrne au Ministère de la Guerre à Constantinople.

J'ai l'honneur de vous faire connaître ci-dessous un résumé des regrettables événements de Smyrne :

I. — Une violente fusillade ayant été dirigée par les troupes grecques débarquées à Smyrne, contre la façade de la caserne, les officiers et soldats turcs, qui s'y trouvaient réunis sur les instructions de l'amiral Calthrope, durent se réfugier dans les couloirs et les endroits abrités de la caserne. Après nombre de difficultés, pour leur montrer qu'on ne voulait nullement se défendre, tous les officiers du corps d'armée furent emmenés en convoi au transport grec *Patris*. Durant le trajet, qu'on nous obligea à faire à pied le long du quai sous la huée et les insultes les plus grossières de la populace grecque, beaucoup d'officiers et de soldats furent tués ou blessés par des balles tirées par les civils et militaires grecs, comme le Commandant du corps d'armée l'a fait connaître en détail à Votre Excellence.

Le même jour, plus de sept cents personnes civiles, des commerçants et autres, qui avaient été arrêtées par les autorités militaires grecques dans les divers quartiers de Smyrne, soit dans les rues, soit dans les hôtels, les auberges ou les magasins, furent emmenées aussi à bord du même bateau et emprisonnées dans la cale.

Le Commandant Ali Nadir Pacha, son Chef d'état-major, le major Abdul-Hamid Bey, le Commandant de la 56° division Hussein Bey et le lieutenant Enver Bey, officier d'ordonnance du Commandant, furent relâchés à six heures de l'après-midi.

II. — Le lendemain, le colonel grec Zafiriou, commandant les troupes d'occupation hellénique, est venu à bord du *Patris* et a demandé à causer avec l'un des officiers emprisonnés, pour pouvoir enquêter sur les incidents survenus la veille; je me suis offert à me présenter auprès de lui. Voici le résumé de notre entretien :

I. — Après m'avoir reçu d'une façon très courtoise, il me dit que la principale raison de l'incident était qu'on avait tiré de la caserne dans l'intention de la défendre contre les compagnies grecques qui s'avançaient en formation de marche, et que le soldat de l'aile droite du premier peloton fut mortellement atteint. Il me dit que la bravoure de l'armée turque était connue et que durant la guerre balkanique, ayant été continuellement en contact avec elle, il avait apprécié sa valeur combattive et ses vertus, et me fit un tas d'éloges à ce sujet. Il me dit ensuite qu'il avait occupé Smyrne sur la décision des Puissances de l'Entente et que les Grecs et les Musulmans devaient, par leur situation respective, vivre en termes fraternels soit en Grèce, soit en Turquie; il ajouta qu'il regrettait vivement les incidents survenus et qu'il en était très affecté.

Je lui répliquai alors que le Commandant du corps d'armée avait reçu la nuit du 14 au 15 mai l'avertissement de l'amiral Calthrope et qu'il en avait tout de suite informé les autorités subalternes; qu'il avait ordonné la réunion à la caserne, avant 5 heures du matin, du bataillon (Bat. 2. Régiment 133) qui se trouvait à Pounta et de tous les officiers présents à Smyrne; et qu'en même temps il avait pris toutes les mesures pour prévenir les incidents qui auraient pu se produire.

« En effet, nous avons vu, lui dis-je, qu'un bataillon evzône s'avançait du côté de l'endroit de débarquement des troupes helléniques et que les trois compagnies de ce bataillon avaient déjà dépassé la caserne et même la contournant avaient pris la rue du tramway conduisant vers Kokar Yali; la tête de ce détachement était déjà à la hauteur de la Banque Agricole quand un coup de feu partit du côté de la foule grecque massée en face du konak et de la caserne tiré par un inconnu qui, sûrement, ne pouvait être qu'un Grec. Les compagnies qui suivaient ce détachement se sont alors immédiatement étendues vers l'arrière, et ayant pris position aux abords du parc, ont ouvert un feu nourri sur la caserne. Par conséquent, comme vous le dites, si on avait tiré sur l'avant-garde du bataillon s'avançant vers la caserne, les trois compagnies de ce bataillon n'auraient pas dépassé la caserne et surtout ne l'auraient pas contournée pour prendre la rue du tramway. Au contraire, déjà la première compagnie exposée aurait pris position et ouvert le feu.

2. — « En admettant que les occupants de la caserne aient fait usage de leurs armes pour la défendre, leurs balles devraient laisser des traces dans le parc où vos soldats avaient pris position.

3. — « Les officiers turcs, abstraction faite de leur instruction technique militaire, ont, durant cinq années de guerre, acquis une grande expérience dans d'innombrables combats sur les divers fronts. Peut-on prétendre qu'il se trouverait un officier turc pour tenter une aventure aussi illogique et folle que de défendre la caserne avec 350 hommes (officiers et soldats) massés dans cette même caserne bâtie au bord de la mer, contre une force de 12.000 hommes ayant leur armement, munitions et équipement au complet ?

« D'autant plus qu'une flotte de l'Entente se trouvait dans le port de Smyrne précisément pour appuyer les forces helléniques s'avançant vers la caserne et prête à les seconder. Il est très naturel que dans ces conditions aucun officier turc n'ait même pas eu l'idée de songer à la défense de la caserne. Nous regrettons aussi ces événements et nous en sommes affectés tout autant que vous : à considérer que les autres détachements alliés qui ont occupé la veille les régions fortifiées de la ville ont effectué tranquillement leur débarquement, tandis que l'occupation de Smyrne par les troupes grecques fut suivie de ces incidents.

« Je vous remercie pour les paroles aimables que vous avez employées à l'égard de l'armée turque, lui dis-je. Nous aussi, durant les diverses campagnes pendant lesquelles il nous a été donné d'être en contact avec l'armée grecque, nous avons eu l'occasion d'apprécier les mérites moraux et humanitaires de ses officiers et soldats; nous étions tous convaincus de sa qualité d'armée civilisée. Aussi avons-nous été douloureusement surpris de la conduite inhumaine et indigne de vos officiers et soldats envers les nôtres, emmenés hier, encadrés de baïonnettes, de la caserne jusqu'à bord de ce bateau. Les officiers turcs, tout en déplorant que les autorités helléniques se fussent laissées aller à des excès, espèrent que vous ne manquerez pas de réparer immédiatement cette déplorable incorrection. »

Sur ces mots, je quittai le Commandant de l'armée d'occupation hellénique. Ayant été de nouveau mandé dans la suite, je me suis rendu encore auprès de lui à bord d'un petit remorqueur spécialement envoyé au *Patris* pour m'emmener. Notre second entretien roula uniquement sur la libération des officiers et soldats détenus à bord du *Patris*. Le mode de leur libération fut ainsi décidé et j'ai pu assurer le transfert à la caserne, par un remorqueur qui serait envoyé le lendemain, de tous les officiers et soldats. De sorte que, quatre jours après les événements de Smyrne, les officiers purent être transférés à la caserne et ceux qui étaient mariés purent rentrer chez eux.

Toutes les caisses appartenant au corps d'armée ou aux contingents et aux divers services du corps d'armée, qui se trouvaient dans la caserne, ayant été saccagées et leur contenu pillé, et, d'autre part, l'argent, les montres et autres objets précieux, qui se trouvaient sur les officiers, ayant été dévalisés par les soldats grecs au moment de leur détention, les officiers turcs, mariés ou non, se trouvaient dans un état de dénuement complet. Nous avons été, par conséquent, forcés de leur distribuer, pour leurs besoins urgents, une certaine somme que le corps d'armée possédait à la Banque.

Le troisième jour, après leur transfert, les officiers qu'on obligeait à se présenter chaque jour à la caserne étaient soudain empêchés par les soldats grecs d'en sortir une fois qu'ils y entraient. Tous ceux qui apprenaient cette nouvelle ne voulaient plus venir à la caserne. Ils furent recherchés, arrêtés et emmenés de force à la caserne par les autorités militaires helléniques, et une seconde journée d'insultes fut ainsi imposée aux officiers turcs. Sur ces entrefaites, j'ai eu personnellement un nouvel entretien avec le Commandant des forces d'occupation. Il a été décidé que les officiers et soldats non mariés seraient dirigés sur Moudania à bord des transports grecs, et cinq jours seraient donnés à ceux mariés, pour se préparer au départ pour la même destination. Il fut fait ainsi. Les familles des officiers tombés martyrs au cours des incidents de Smyrne furent aussi aidées par nous de façon privée.

3. — La Commission laissée à Smyrne pour les services du corps d'armée se compose de trois personnes, mais vu la besogne écrasante, il est nécessaire d'en augmenter le nombre. Malheureusement toutes nos démarches à ce sujet auprès du Commandant hellénique restèrent sans effet. Notre Commission se heurte à beaucoup de difficultés pour accomplir sa tâche. Entre autres, il ne nous est pas possible de mettre la main sur les dépôts de vivres et d'équipements ainsi qu'aux institutions industrielles et autres du corps d'armée. Nous avons fait de sérieuses démarches auprès des autorités grecques par l'entremise des Anglais pour la remise de ces dépôts et institutions. Nous n'avons pu avoir de la sorte que ceux qui se trouvaient seulement dans la caserne même. Nous sommes arrivés ainsi, sous la surveillance des Anglais, à distribuer un peu de vivres aux familles des officiers martyrs.

Tous les registres officiels, les livres de comptes et autres documents ont été saccagés, détruits et brûlés par les soldats grecs lors des événements. Je tâche d'en réunir au moins les débris. Je vous enverrai sous peu la liste de tout ce qui a été pillé, détruit ou volé par les Grecs.

4. — Une liste détaillée des sommes dévalisées dans les caisses a été remise aux représentants alliés, au Gouverneur de Smyrne et au Commandant grec. Une autre liste des valeurs et objets volés aux officiers par les soldats grecs a été remise de même aux représentants alliés. Les bestiaux appartenant aux contingents de cavalerie et d'artillerie du corps d'armée ont été rassemblés par les Grecs dans la cour de la caserne et mouraient presque d'inanition. Des démarches sont faites pour leur entretien.

La liste des pillages faits par les Grecs vous est envoyée ci-inclus.

Veuillez, etc...

(signé) Lieutenant-Colonel SULEYMAN FEHMY,
chef d'Intendance du XVIIe corps.

Résumé de la liste y jointe :

Les Grecs ont pillé 20 caisses appartenant aux divers services de corps d'armée. Il a été noté :

Piastres : 5.809.728.15 en reçus,
17.240.093.35 en billets de banque,
17.269.20 en monnaie de billon,
16.605 » en monnaie argent,
59.027.20 en or.

Soit au total des valeurs d'une somme globale de 23.143.690 piastres et quart. Ce qui veut dire en chiffres ronds 5.250.000 francs.

* *

Aux environs de Smyrne, les localités de Sidi-Keuy, Guldjukler, Djouma-Ovassi, Gueurdjé, Aktché Keuy, Tchatallar, Devé-Keuy, Tchamour-Déré ont été incendiés, leurs populations massacrées et tous les biens pillés

LISTE DÉTAILLÉE DES SOMMES & OBJETS

DONT FURENT DÉPOUILLÉS
LES OFFICIERS DE LA GARNISON TURQUE D'AÏDIN
PAR LES TROUPES GRECQUES

NOMS DES OFFICIERS	SOMMES en Ltqs		DIVERS	VALEUR en Ltqs
	Or	Billets		
Nadir Pacha, Commandant	»	»	effets	520
Abdulhamid Bey, chef d'état-major	»	150	effets et chevaux	920
Commandant Kémal Bey, E. M. 1ère sect	»	125	bague	160
Commandant Mahmoud Bey, E. M. 2e sect	»	»	effets	93
Lt. Cl. S. Fehmi Bey, E. M. 4e sect	»	»	chevaux	1500
Cl. Rachid Bey, du Tribunal Militaire	»	»	effets	190
Lt. Cl. A. Hikmet Bey 17e Div	»	»	montre et effets	150
Cl. Ali Bey, Rapp. Trib. Mil	»	165	effets, revolver	329
Lt. Cl. Ali Arif Bey, Rapp. Trib. Mil	100	2438	effets, cheval	1648
Comm. d'E. M. Chemseddin Bey	»	»	effets	45
Cl. Hilmi Bey, chef Bur. Recrutement	»	7	montre, cheval	746
Lt. Cl. Emin Bey, vétérinaire 56e Div	»	»	effets, cheval	460
Com. Halid Bey, Chef E. M. —	»	32	effets, montre	1519
Cap. Nazmi Bey, de l'E. M. 17e Div	»	75	effets, cheval	715
Cap. Halid Eff. — — —	»	50	effets	570
Cap. Loutfi Eff. — — —	»	85	effets, montre	487
Cap. Rassim Eff. — — —	»	60	effets, cheval	397
Lt. Ibrahim Eff. du C. Aéronautique	»	64	effets	25
Lt. Mourad Eff. du C. Adm. 17e Div	»	135	bague, montre, revolver	65
Cap. Halid Eff. chef aér. de Smyrne	»	»	effets	3694
Behdjet Eff., aviateur	»	»	effets, bague, montre	1476
Comm. Tevfik Eff., Off. Recr	»	982	bague, montre, revolver	86
Lt. Kémal Eff.	»	»	effets	42
Cap. Riza Bey, pharmacien	»	35	montre	40
Lt. H. Hussni Eff. 17e Div	»	52	montre, effets	41
Cap. Behdjet Eff. —	»	150	effets	780
Lt. Ibrahim Eff. 56e Div	»	30	cheval	132
M. Emin Eff. payeur 188e Comp 6e Rég	»	45	revolver	30
Lt. Saïm Eff. du Bur recrut. 10e Div	»	35	bague, montre, effets	721
Cap. Ali Riza Eff. 5e Comp. aéron	»	223	cheval	65
Lt. Arif Eff. officier C. R.	»	86	cheval	160
Cap. Hakki Eff. 3e Comp. 174e Rég. 56e Div	»	74	effets, bague, cheval	617
Comm. Hussameddin Bey. 56e Div	22	135	montre	30
Lt. Abdurrahmann Eff. 173e Rég	»	8	effets, revolver	87
Comm. Riza Bey. directeur des tissages	»	»	effets, bijoux, chevaux	2550
Lt. Cl. Tahir Bey, directeur ateliers mil.	»	»	chevaux	317
Lt. Emin Eff. 2e Comp. 174e Rég	»	15	effets	47
Lt. Kemal Eff. 7e — —	»	23	montre, effets	95
Hidayet Eff. aide de camp 173e Rég	»	45	montre, effets	88
Lt. Chemi Eff. du C mitrail montées	»	50	jumelles, effets	374
Lt. Nouri Eff. 6e Comp. 174e Rég	»	25	effets	48
Lt. Réchad Eff. 11e Comp. 174e Rég	11	»	effets	40
Lt. Aziz Eff. aide de camp 55e Div	»	15	effets, montre	687
Lt. Kémal Eff.	»	95	effets, revolver	228
A. Riza Eff. secrétaire Art. lourde	»	»	cheval	205
Cap. Chukri Eff. Art. lourde	»	»	cheval, jumelles	238
Cap. Chukri Eff. 3e Comp. 187e Rég	»	70	revolver	20

NOMS DES OFFICIERS	SOMMES en Ltqs Or	SOMMES en Ltqs Billets	DIVERS	VALEUR en Ltqs
Comm. Ismaïl Hakki Bey, 56e Rég..............	»	»	effets	71
Lt. Tayar Eff. 2e Comp. 173e Reg.............	»	18	effets	13
Comm. Hussein Hussni Bey, 17e Div...........	»	»	cheval, montre, etc.	123
Lt. M. Nédim Eff. 56e Div. Art de campagne	»	15	effets	47
Hamdi Kiamil Eff. fusilier 17e Div. Fort.......	»	»	revolver, cheval, etc.	140
Lt. Kiazim Eff. 5e Comp. 17e Div. Cavalerie.....	»	68	revolver, montre, etc.	232
Cap. Kadri Eff archiviste 17e Div. —	54	576	»	»
Mahmoud Nédim Eff. secretaire Dépôt..........	»	»	bague, montre	55
Cap. Cherafeddin Eff. adjoint médecin-chef 56e Div..	»	»	effets	37
Lt. Salahaddin Eff, 56e Rég. Art.............	»	200	effets, montre, bague, etc.	587
Lt Djelal Eff. Centre Aér.................	»	82	effets, montre	124
Lt. Edhem Eff Gend. milit................	»	165	revolver, effets	135
Adj. chef Chemsseddin Eff. Art. lourde.........	11	35	montre, bague, revolver	62
Cap. Kiamil Eff. du Conseil de guerre 56e div.....	»	27	effets	460
Lt. Fethi Eff. Recrutement 10e Div............	»	90	revolver, etc.	55
Lt Faïk Eff. aide de camp 17e Div. Fort........	»	50	montre, cheval, effets	285
Comm. Riza Bey, 17e Div.................	»	198	bague, effets	465
Cap. Mustafa Eff. Recrut. 10e Div............	»	»	revolver, jumelles	35
Mehmed Emin Eff. 2e section Rav............	»	210	»	»
Salim Eff. E. M 17e Div, 2e Sect............	»	75	effets, revolver	80
Lt. Nouri Eff. 4e Comp. Aer...............	»	80	effets	481
Cap. Mustafa Eff. 56e Div................	»	78	cheval, revolver, etc.	167
Comm. Ishak Kemal Bey, Prés. Cons. guer. 56e Div.	»	121	effets	175
Meh. Emin Eff. secrét. 2e Comp. Art. lourde......	»	»	effets, montre	100
Zihni Eff. 1re Sect. Ravit...............	»	127	bijoux	80
Mustafa Eff secret 10e Div...............	»	97	effets, montre, revolver	982
Cap. Saïd Eff. Gendarmerie milit............	»	50	effets	66
Hamdi Eff. ateliers Art. lourde............	»	»	revolver, etc.	17
Lt. Rouhi Eff Ravit. 10e Div.............	»	75	effets	21
Lt. Ali Riza Eff. Gendarmerie milit............	»	30	montre, effets	15
Cap. Rifat Eff —	»	200	cheval, effets	410
Sélim Eff. secrét. 2e Comp. Art. lourde..........	»	18	bague, revolver	47
Lt. Houloussi Eff Dépôt arm. 17e Div..........	»	10	effets	84
Lt. Ahmed Eff. Fort Smyrne..............	5	19	effets	16
Lt. Djevdet Eff. du Gouvernement militaire........	»	75	montre, bague, effets	266
Zia Eff. rédacteur au 2e Bur. E. M. 17e Div......	»	20	montre, revolver, cheval	120
Lt. Nizameddin Eff. aide de camp 17e Div	»	47	effets	121
R. Rédjaï Eff secrét. 2e Sect. Ravit. 17e Div......	»	50	cheval, bague	97
Lt. Remzi Eff. 161e Comp Art. lourde..........	»	35	revolver	9
Cap. Chevki Eff. 59e Art. lourde...	»	255	effets	15
Suleyman Sirri Eff. ouvrier Art lourde.........	»	15	revolver, effets	25
Lt. Salahaddin Eff 2e Comp. 173e Rég..........	»	97	montre, revolver, etc.	70
Yahya Eff ouvrier 56e Art	»	30	montre	12
Lt. Nedjati Eff. E. M. 56e Div...	»	47	effets	130
Cap. Sabri Eff. 2e Comp. 173e Rég............	»	3017	effets	140
Lt. Ali Eff 1re Sect. Transports 17e Div	»	80	effets	25
Lt. Hakki 2e Comp Chass. 17e Div...........	»	65	effets	20
Comm. Fuad Bey, Génie.................	»	82	effets	125
Hakki Eff. secr. Rav. 17e Div	»	100	effets	15
Lt Edhem Eff Conseil de Guerre Smyrne	»	76	revolver, etc.	40
Lt. I. Hakki Eff. 2e Comp Art 57e Div..........	»	284	revolver	60
Lt. Nihad Eff. 2e Comp. 173e Rég...........	»	93	effets	89
I. Hakki Eff. secr Dépôt Rav. 17e Div	»	60	effets	15
Lt. Sami Eff. 2e Comp. Génie 16e Div	»	50	bague, revolver	33
Lt. Rifat Eff E. M. 56e Div................	»	95	montre, effets	133
Lt. Vassif Eff. Cuisines, 17e Div............	»	36	»	»

NOMS DES OFFICIERS	SOMMES en Ltqs		DIVERS	VALEUR en Ltqs
	Or	Billets		
Comm. Rifat Bey, Direc. Constructions	»	275	montre	26
Cap. Zia Eff. 10e Comp. 173e Rég.	»	57	montre, revolver, etc.	70
Lt. M. Ali Eff. 3e Comp. 171e Rég.	»	10	montre, effets	170
Fethi Eff. Aér. 4e Sec.	»	28	effets	14
Lt. Zéki Eff. Recr. Smyrne	»	29	effets	795
Lt. Fehmi Eff. Recr. 10e Div.	»	47	bijoux, revolver, effets	98
Comm. Chevket Bey, Cons. Guerre Smyrne	»	625	effets	2864
Lt. Djemal Eff. Recr. Bornova	»	»	bijoux, effets	505
Lt. Selim Eff. 2e Bur. E. M. 17e Div.	10	30	effets	143
Lt. Osman Eff. Gend. Mil.	»	20	montre, effets	182
Suleyman Eff. Econome Ecole Ch. de fer	»	47	revolver, bague	40
Cap. Ihsan Eff. Rav. 10e Div.	»	19	effets	15
Comm. Ihsan Bey, Cav. 17e Div.	»	30	revolver, chevaux	650
Cap. Kamal Eff. Ire Comp. Cav. 17e Div.	»	»	montre, revolver, effets	236
Djemal Eff. Rav. 17e Div.	»	55	montre, revolver	47
Cap. Edib Eff. Centre Ravitaillement	»	277	»	»
Comm. I. Hakki Bey, 174e Rég.	»	»	effets, chevaux	2988
Cap. I. Loutfi Eff. Vétér. 2e Comp. Art. Mont. 17e Div.	»	160	montre	15
Adem Eff. ouvrier dépôt munit.	»	13	effets	76
Cap. Alaéddin Eff. Vétér. 17e Div.	»	10	effets, montre, revolver	1142
Cap. Selim Eff. Recrut. 4e Div.	»	48	montre, revolver	46
Comm. Alaéddin Bey, 2e Sec. Rav. 17e Div.	»	11	montre, revolver	45
Comm. Tahsin Bey, Pharmacien en Chef 17e Div.	»	10	bague	95
Cap. Chevket Eff. Econome 63e Div.	»	175	montre	36
Chevket Eff. secr. Ire Comp. Art. lourde	»	42	montre, effets	307
Chinassi Eff. Cap. 67e Comp. Obusier	»	140	montre, revolver	67
Lt Faik Eff. Ateliers 17e Div.	»	8	montre, revolver	72
Comm. Emin Bey, Médecin-Chef 173e Rég.	»	180	cheval, effets	350
Rifat Eff. Econome 4e Div.	»	14	effets	14
Nazim Eff. secr. 3e Sect. Rav. 17e Div.	»	120	montre, bague	17
Lt. Cl. Ahmed Véfik Bey, Vétérinaire Chef 17e Div.	»	85	montre, revolver, effets	135
Comm. Nadji Eff. Art. 17e Div.	»	»	revolver, cheval	46
Comm. Osman Eff. Véter. 17e Div.	»	100	effets	1800
Lt Arif Eff. aide camp Format. Art. lourde	»	»	cheval, revolver, effets	280
Cap. Saadi Eff. Art. lourde	»	3	montre, effets	418
Lt. Hikmet Eff. 2e Comp. Génie 17e Div.	»	88	montre, revolver, effets	124
Ahmed ousta, ouvrier 3e Comp. 135e Rég	10	15	effets	5
Lt. Faik Eff. Constr. Fort.	»	130	montre, bague	42
Faik Eff. 1er Bur. E. M. 17e Div.	»	265	montre revolver, effets	91
Salahaddin Eff. télégraphiste 17e Div.	»	35	montre, bague, effets	197
Lt. Ibrahim Eff. chef cordonnerie 17e Div.	»	25	effets	92
Lt. Hakki Eff. aide de camp Ire Comp. 174e Rég.	»	63	effets	185
Lt. Salahaddin Eff. Gendarm. milit.	»	55	montre, bague, effets	78
Lt. Abdulkadir Eff. 3e Comp. 174e Rég.	»	48	effets	55
Lt. A. Ekrem Eff. Sect fusils méc. 174e Rég.	»	115	effets	117
Lt. Djelal Eff. Bur. corresp. Smyrne	»	130	effets	365
Lt. Nessib Eff. archiviste 17e Div.	»	78	montre, effets	780
Cap. Osman Eff. Tél. 17e Div.	»	»	cheval	100
Abdullatif Eff. aumônier	»	10	revolver	15
Cap. Kémal Eff. pharm. chef adj. 17e Div.	»	50	revolver, montre	85
Cap. Sureya Bey, Bur. recrut. de Pergame	»	78	revolver, jumelles	90
Cap. E. Fehmi Eff. en perm. 17e Div.	»	90	montre, bague	96
Mustafa Nouri Eff. aumônier 174e Rég.	»	»	cheval	100
I. Hamdi Eff. Ire Sect. Rav. 17e Div.	»	65	montre, effets	213
Comm. Mustafa Bey, Comp. Transp. 17e Div.	»	70	»	»
Comm. Aziz Eff. — — —	»	»	effets	80

NOMS DES OFFICIERS	SOMMES en Ltqs		DIVERS	VALEUR en Ltqs
	Or	Billets		
Cap. Réfik Eff. Comp. Transp. 17e Div..........	»	363	chevaux, effets	579
Cap. H. Hussni Eff. Méd. Comp. Transp. 17e Div..	»	»	effets	580
Ahmed Faik Eff. secr. — — —	»	139	effets	40
Abdullah Eff. Econ. — — —	»	»	effets	1000
Djémal Eff. ouvr. — — —	»	»	effets	50
Hussein Eff. mar. fer. — — —	»	30	»	»
Ismaël Eff. menuis. — — —	»	8	effets	343
Lt. Kiazim Eff. 1re Sect. — — —	»	47	effets	200
Lt. Bassri — 3e — — — —	»	40	effets	20
Lt. Abbas — 1re — — — —	»	137	»	»
Lt. Salih — 2e — — — —	»	30	»	»
Lt. Nafiz — 4e — — — —	»	48	»	»
Lt. Mustafa — 4e — — — —	»	13	»	»
Muzaffer — 4e — — — —	»	»	effets	30
Loufi Eff. aumônier — — —	60	200	»	»
Lt. Hadji Ali Eff. 4e Sect. — — —	»	23	»	»
Lt. Kiamil Eff. 2e — — — —	»	18	»	»
Lt. Zia — — — — —	»	800	effets	830
Lt. Ali Eff. Dir. polygone 17e Div.............	»	40	cheval, revolver, effets	320
Cap. Ramiz Eff. 2e Comp. 173e Rég.............	»	68	effets	465
Cherafeddin Eff. 1re Sect. Rav. 17e Div..........	»	55	»	»
Lt. A. Fevzi Eff. Const. Fort Smyrne............	15	»	effets	342
Lt. Nedjib Eff. — — — —	»	»	effets	797
Cap. Tadjeddin Eff. 1re Comp. 173e Rég........	»	95	revolver	40
Lt. Djahid Eff. Té#g. 17e Div	»	113	effets	474
Lt. Faik Eff. 2e Comp 173e Rég...............	»	170	bague, effets, chevaux	1762
Muzaffer Eff. off. arm. 173e Rég..............	»	50	bague, effets, chevaux	400
Lt. S. Zia Eff. HC. 17e Div..................	»	51	bague, effets	56
Cap. Hadji Chevki Eff. 59e Art. lourde	»	265	chevaux, effets	440
Ismaël Eff. Econome Aéro. Smyrne.. ..	12	225	»	»
Cap. Chevket Eff. Recr. Smyrne..............	»	290	effets	28
Cap. Nazmi Eff. Constr. Smyrne.............	19	6	montre, bague, effets	190
Cap. Hamdi Eff. 1re Comp. Art. lourde.........	»	»	chevaux, effets	642
Osman ousta ouvrier 2e Comp. 173e Rég........	»	»	effets	29
Akif Eff. HC. 17e Div....................	»	350	montre	60
Cap. Nazmi Eff. Recr. 4e Div...............	»	60	»	»
Cap. Caval. H. Naaki 1re Div...............	»	15	»	»
Lt. I. Hakki Eff. 3e Art. lourde..............	»	32	»	»
Lt. Remzi Eff. 3e Comp. 174e Rég.............	»	50	effets	25
Lt. Mever Eff. aide de camp 17e Div.........	»	70	effets	200
Lt. Veli agha 1re Comp. 174e Rég.............	»	30	montre, effets	92
Cap. Djevdet Eff. Service Torp. Yeni-kalé........	»	205	»	»
Lt. I. Kémal Eff. 4e Comp. 174e Rég	»	70	montre, bague, effets	270
Lt. Kémal Eff. HC. 1re Div..	»	21	montre	5
Cap. Safvet Eff. Q. G. 8e C. A..............	»	»	»	»
Cap. Hayri Bey — —	»	»	effets	1398
Lt. A. Danial Rav. 17e Div................	»	150	revolver	10
Haydar Eff. 2e Sect. Rav. 17e Div	»	85	montre, bague, effets	56
Cap. Hayri Eff. Ex. Direct. Dépôt 17e Div.......	»	125	»	»
Cap. Faik Eff. Dépôt Sanitaire.................	»	10	effets	65
Cap. M. Ali Eff. Stat. Aéro................	»	105	montre, bague	17
Lt. Riza Eff. 2e Comp. 174e Rég	»	40	montre, effets	60
Comm. Djémal Bey, E. M. 17e Div..........	»	47	montre, effets, jumelles	85
Lt. Avni Eff. Art. Campagne................	»	15	montre	28
Musta'a Hilmi Eff. pharmacien 17e Div........	»	65	montre, effets	35
Lt. Cl. Abdurrahman Bey, Cav. 17e Div.........	»	182	effets	750

NOMS DES OFFICIERS	SOMMES en Ltqs		DIVERS	VALEUR en Ltqs
	Or	Billets		
Lt. Sélami Eff. Rav. 1re Div.	»	32	montre	3
Lt. Chéhab Eff. aide de camp Cav. 17e Div.	»	100	cheval, effets	470
Adj Véli Eff. Gend. milit.	»	11	effets	51
Chukri Eff. Rédact. 2e Sect. Rav. 17e Div.	»	85	montre. bague	35
Lt. Hussni Eff. 17e Div.	»	22	effets	97
Lt. Zihni Eff. aide de camp 1re Comp. 56e Rég.	»	67	montre, bague, revolver	195
Lt. Salahaddin Eff Comm. batteries Kadifé-kallé	»	55	montre, bague, revolver, jumelles	300
Soumi Eff. Comm. hydravions Smyrne	»	»	effets	277
Ibrahim Eff. Maître-charpentier Aer.	»	80	montre, revolver, effets	92
Behloul Eff aumônier 2e Obusiers lourds	»	»	effets	48
Lt. Rahmi Eff. Dépôt denrées 17e Div.	»	16	montre, effets	61
Cap. Nazim Eff. Gouv. Milit.	52	70	bague, effets	261
Cap. Youssuf Nassouhi Eff Cav. 17e Div.	»	226	»	»
Cap. A. Riza Eff. Recr. Bornova.	»	5	montre, effets	10
Kiazim Eff attaché 2e Bureau 56e Div.	»	30	montre	15
Ghalib Eff. télégraphiste 16e Div.	»	41	effets	10
Cap. Mouhliss Eff. adj. Médecin-Chef 17e Div.	»	16	montre, effets	51
Cap. Sézaï Eff. Rav. 56e Div.	33	13	effets	40
Hussein Eff ouvrier Aér. Smyrne	»	20	effets	51
Com. Iskender Bey, Cav. 17e Div.	»	100	bague, jumelles, effets	255
Lt. Enver Eff Génie 17e Div.	»	»	effets	90
Cap Ismail Eff. Aér. Yéni kalé.	»	»	effets, cheval	981
Haïri Eff. 2e Sect. Rav. 17e Div.	»	48	montre, bague, effets	130
Lt. A. Galib Eff. 1re Comp. Cav. 17e Div.	»	115	montre. bague, effets	720
Cap. Chehab Eff. E. M. 56e Div.	»	60	effets	893
Cap. Abdulhalim Eff 17e Div.	»	134	montre, bague	17
Lt. A. Refik Eff. du Gouvt. Milit.	»	37	effets	307
Lt. Chevket Eff. 2e Bat. 173e Rég.	»	»	effets	269
Lt. A. Ihsan Eff. 4e Comp. Obus. mont. 17e Div.	»	27	montre, bague, effets	1190
Lt. Chukri Eff — — —	»	»	effets	290
Lt. Mehmed Eff. agent dépôt Recrut. Bornova.	»	80	effets	56
Lt. Ridvan Eff. aide de camp 2e Bat. Ob. mont. 17e Div.	»	»	effets	802
Idriss Eff. Constr. 17e Div.	»	200	montre. chevaux	635
Comm. Tahsin Bey, Constr. 17e Div.	»	190	effets	801
Lt. Cl Djémil Bey, Génie	»	170	effets	385
Cap. Osman Nouri Eff. dépôt denrées 17e Div.	»	»	cheval	150
Cap Loutfi Eff. Rav. 17e Div.	»	80	effets	70
Ahmed Eff. conseiller légiste 56e Div.	»	75	»	»
Comm M. Nédim Bey, Directeur Constr.	»	50	montre, bague	23
A. Kiami Eff. Adminis. 1er Bat. 56e Rég.	265	2483	»	»
Suleïman Eff. secrét. Dépôt 17e Div.	»	40	montre	30
Cl. Youssuf Bey, membre Cour martiale	»	49	revolver, jumelles, effets	243
Cap. Behidj Eff. Rav. 12e C. A.	15	485	montre	3
Lt. Ibrahim Eff. Constr. 17e Div.	»	220	bague, chevaux	360
Lt. Saadi Eff. Serv. géogr.	»	125	jumelles, effets	180
Cap. M. Djemal Eff Serv. géog.	»	8	montre, cheval, effets	49
Comm. Nourri Bey. chef Recrut. Smyrne	»	179	montre, bague, effets	89
Lt. Faïk Eff 2e Comp. Génie 17e Div.	15	45	effets	50
Sidki Eff rédac 56e Div.	»	55	montre, effets	1779
Lt. Cl Zekéria Bey, prés. Cour mart. Smyrne	»	35	montre, cheval, effets	236
Redjeb Eff. Bur. Corr.	»	350	montre, bague	7
Administration charbons guerre	»	»	mobilier	1656
— — — (annexe)	»	»	mobilier	2841
Chérif Eff. caissier Adm. charbons guerre	»	180	montre, bague	30
Réfik Eff. — —	»	»	effets	190
Burhaneddin Eff. employé Adm. charbons guerre	»	50	montre, bague, effets	79

NOMS DES OFFICIERS	SOMMES en Ltqs		DIVERS	VALEUR en Ltqs
	Or	Billets		
Eumer Eff. employé Administr. charbons guerre....	»	45	montre, effets	50
Haïdar Eff. — — — — ...	»	32	montre	27
Osman Eff. — — — — ...	»	40	montre	18
Ihsan Eff. — — — — ...	»	2i	montre, bague	34
Lt Mustaffa Eff. 1er Bur. E. M. 17e Div........	»	37	bague, revolver, jumelles	108
Cap. Faïk Eff Rav. 56e Div	»	»	effets	5274
Lt. Nechét Eff Comm. constr. Smyrne.........	»	143	montre, effets	92
Lt. Cl. Salahaddin Bey, 17e Div...........	10	150	montre, bague, effets, cheval	775
Comm. Hakki Bey, Art. 56e Div............	»	»	effets	1208
Bahaeddin Eff. chef musique 56e Div...	»	»	effets	495
Hourrem Bey, Lt Cl. comm. —	»	134	montre, effets, chevaux	875
Ekrem Eff pharmacie 17e Div...............	»	»	montre, effets, chevaux	600
Cap. Abdul kayoum Eff E. M. 56e Div..	»	»	montre, effets, chevaux	40
Cap. Adil Eff Génie 17e Div.............	»	23	montre, bague, effets	58
Cap M Nedim Eff.	»	150	montre, effets	968
Lt. Nedim Eff. aide camp Art 56e Div........	»	100	montre, bague, effets, cheval	780
Cap. Houloussi Eff Recr. Smyrne	21	117	montre, bague	90
Comm. Bali Bey, vétérinaire 17e Div...........	100	300	bijoux, effets, chevaux	3723
Comm E Ali Bey, Recr. 4e Div............	»	»	effets, chevaux	260
Lt. Nourry Eff dir. canton 17e Div..........	»	20	effets, montre	29
Abdulkadir Eff administr. 17e Div..........	»	52	effets	10
Com. M. Kiamil Bey, E M 4e Div..........	»	»	chevaux	550
Ibrahim Eff secr arm. 17e Div............	5	145	effets	483
M. Djemil Eff adm. Genie 17e Div.........	»	»	cheval	120
Lt Mehmed Eff 3e Bat 181e Rg	»	75	montre	5
Lt. H Baseri Eff adm. Génie 17e Div	»	»	cheval	50
Abdulkadir Eff adm Obusiers —	»	100	effets	471
A Hikmt Eff ateliers 17e Div.............	»	92	effets	112
Lt. Madjid Eff 2e Bat 173e Reg	»	30	revolver	25
Comm. Osman Bey, 3e Bat 174e Rég........	»	30	jumelles, effets, cheval	117
Yousouff Eff cons legiste 17e Div	»	50	effets, cheval	165
Comm. M Nédim Bey, 2e Bat 176e Rég	»	30	montre, revolver	40
Comm. Sadik Bey, Art camp 56e Div.........	»	95	effets, bijoux	2069
Abdurrezak Eff économe 2e Bat. 56e Rég......	»	80	montre, bague, effets	215
Lt. Nédjid Eff. Const Génie..............	»	33	effets	5
Lt A. A Behaeddin Eff 2e Sect. Aér	»	70	montre, effets	338
Abdullah Eff Const 17e Div..............	»	25	montre, bague, revolver	76
Abduldjelil Eff secr. Ire Sect. Rav. 17e Div....	»	79	montre, bague	90
Lt Hakki Eff 2e Comp Cav. 17e Div	»	30	montre, jumelles, effets	137
Cap. Hayrullah Eff. Ire Bat. Obus. 17e Div.....	»	35	revolver, jumelles, effets	170
Lt A. Tevfik Eff. — — —	»	12	revolver, jumelles, effets	150
TOTAUX	845	30963		100398

Soit :   845 livres turques en Or.

30.963   —   — en Billets.

100.398   —   — en divers objets.

RÉGION DE PERGAME

Liste funèbre communiquée et atrocités rapportées par :

Djelal effendi, ex-juge religieux de Réchadié,

Kutchuk Mehmed zadé Mustafa effendi, ancien Maire de Pergame,

Hadimi zadé Mustafa effendi, Conseiller municipal,

Djemal effendi, employé de la Société de la Régie des tabacs,

Muderriss Halid effendi de Tchandarli, notable,

Kanikli Abdullah effendi, notable,

Etc., etc.

Le jour de l'entrée à Pergame, les Hellènes envoyèrent cinq cavaliers et vingt hommes d'infanterie au village de Niyélti, ils tuèrent l'Imam et le Maire du village.

Le même jour Kazdji Mehmed oglou Husséin qui était assis devant un café de Pergame fut conduit au poste de commandement des forces d'occupation hellènes et fut retrouvé trois jours après, aux environs de ce poste, la tête séparée du corps et les yeux crevés par une baïonnette.

Kurde Husséin, du village de Achagui Kiriklar, fut assassiné et sa maison pillée.

Dans les vergers de Pergame, Aïché, femme de Ismaïl et son amie Fatma, ainsi qu'au lieu dit Bagtché Tépé, deux fillettes, réfugiées de Salonique, furent violées par des soldats grecs.

Le deuxième jour de l'occupation, les soldats du corps de garde de Simidji Kapou pillèrent et incendièrent la ferme de Touzdji Moustafa située à Arabli Ova.

A la seconde occupation de Pergame, les forces grecques forcèrent les portes de toutes les maisons abandonnées par les habitants qui avaient fui devant l'horreur de la première invasion et les pillèrent de fond en comble. Djafer oglou Véli de Tchakirlar, Mehmed de Kénté, Ibrahim Mousslou oglou Haïreddine, Naldji Molla Husséin oglou Aïché (femme), Pacha zadé Ibrahim agha, Plutcthji Moustafa ousta de Allaïyé, Terzi Moustafa de Kosak Ali du village de Okdjilar, Ibrahim fils de Ali effendi du quartier de Hadji Ilyass, Katirdji Hadji Mehmed du quartier de Echmédji, qui n'avaient pas pu fuir à cause de leurs infirmités, furent mis à mort.

Husséin oglou Djemal, du village de Korfalli, et Mehmed de Bozkeuy furent assassinés sans aucun motif.

A Aladjalar, Gulçum, femme de Moustafa, fut violée et assassinée.

A Salihler, la fille âgée de onze ans, de Ali Molla fut violée par les Grecs.

Le chef du télégraphe de Pergame, Alem effendi et l'opérateur furent grièvement blessés le jour de l'occupation et on ignore encore leur sort.

L'Imam de la mosquée Emir Sultan, Hafz Mehmed effendi fut assassiné.

On extorqua à l'Albanais Abdurrahman de Bozkeuy mille livres turques en papier monnaie et cinquante en or.

Un vieillard de 65 ans nommé Molla Ibrahim eut la bouche fendue jusqu'aux oreilles et on introduisit ensuite dans cette plaie un mors de cheval et on le promena ainsi dans toute la ville; puis sous les yeux de tous les passants on lui arracha les ongles avec des tenailles et on lui fendit les doigts; après l'avoir laissé souffrir ainsi quatre jours, on l'acheva à coups de hache.

On viola la fillette de 11 ans de Tcherkess Idriss agha et après que huit soldats grecs eurent assouvi leurs passions sur cette pauvre loque, on lui fendit le corps en deux des pieds à la tête.

Un vieillard de 65 ans nommé Hadji Mehmed Ali agha, Abdurrahim et Ahmed, fils de Hussein ousta, et Ramazan, fils de Kovadji Mehmed, furent assassinés en ayant les yeux crevés et le ventre ouvert. On les avait emmenés de leur village, Doghandji, en leur disant que le commandant à Pergame les convoquait. La patrouille qui vint les chercher portait d'ailleurs un ordre d'amener émanant de cette autorité. On les tua en cours de route et on força un autre musulman Ahmed oglou Ahmed, du village de Djaber, à ouvrir une fosse et à les ensevelir.

A Dikili, le fils de Bekitch oglou Arab Saïd et leurs huit compagnons furent tués dans des conditions atroces.

La mère de Halid effendi, prêcheur de la mosquée Yéni-Djami, à Pergame, ainsi qu'une autre vieille femme de ses voisines, s'étaient cachées dans une grange à l'approche des Grecs. Sous l'empire de la faim, elles quittèrent leur cachette et prirent la route de Soma, sur laquelle elles furent en but au feu d'une patrouille grecque qui tua l'une d'entre elles. L'autre s'étant affaissée, très grièvement blessée, le feu cessa et cela lui permit de se traîner la nuit jusqu'au village prochain. Elle est actuellement en traitement chez son fils à Kirk-Agatch.

Une patrouille grecque viola la fille de Tahir effendi, Imam de la mosquée Koulaksiz, et la promena dans tous les corps de garde de la région. Elle passa tous les jours entre les bras de quarante à cinquante soldats qui de plus la battaient et la torturaient.

Les nommés Demirdji Suleyman ousta oglou Osman, Pacha Mustafa, Hadji Hussein oglou Moustafa, du village de Ayass-Keuy; Adali Moustafa et Tcherkess Moussa, du village de Zagmass, qui avaient émigré devant l'invasion grecque, furent invités à réintégrer leur domicile avec des promesses de protection. A leur retour, ils furent coupés en morceaux sous les yeux de la population assemblée.

Deux octogénaires, Ibrahim effendi, administrateur, et Ali effendi, prêcheur de la mosquée du village Pacha, dont le dernier complètement sourd, furent tués sans aucune sorte d'explication.

Un vieillard fou, nommé Kara Ismaïl oglou Hakki, et un septuagénaire Kutchuk Véli agha furent mis en pièces à Pacha-Keuy.

Le cocher Mehmed Pehlevan, qui avait conduit de Soma à Pergame les membres de la première Commission d'enquête française, fut mis à mort pendant son voyage de retour.

Un vieillard nommé Emin, du village de Djoumali, fut écartelé, éventré et mis à mort en lui broyant la tête. Un officier anglais de passage a vu le cadavre.

Le deuxième jour de l'occupation, six soldats grecs se rendirent à Beyli, à une heure de marche du faubourg de Pergame, ils y pillèrent toutes les maisons et fusillèrent le Maire Yomak oglou Emin.

Idriss effendi (55 ans), Hadji Kardji (65 ans), et Hadji Mehmed Ali (65 ans), notables du village de Dogandji, appelés à Pergame par les Grecs, furent retenus deux jours en prison où ils furent tués après qu'on leur eut coupé les mains et les pieds et arraché les yeux.

Le second jour de l'occupation, Ramazan oglou Suleyman, sa femme Hamidé de 25 ans et son fils de 9 ans, Ibrahim, du village de Kanik, qui s'étaient rendus dans leurs champs à Sazlik pour y travailler, furent assaillis par quatre soldats grecs qui violèrent la femme à tour de rôle sous les yeux du mari et du fils qu'ils tuèrent ensuite à coups de baïonnette.

Kara Zeybek oglou Hussein, sa femme Fatma et sa fille Hadidjé, du quartier bas de Kanik, qui rentraient des champs à Kourou Tchay, furent attaqués par des soldats grecs qui les traînèrent dans un bois où ils violèrent les femmes et les assassinèrent.

Une femme de 50 ans, Vessilé Néné, du bas quartier de Kanik, fut assassinée dans son champ à Karaman Kouzilar, par des soldats grecs.

Imhan, du quartier de Sofoular à Pergame, et sa compagne Yuruk kizi Hadidjé, qui se rendaient dans les vergers où elles étaient employées, furent assaillies et violées par cinq soldats grecs en armes.

Les maisons de Firouz oglou Ismaïl et de trois autres personnes au village de Achagui Kiriklar ainsi que toutes celles des villages Tcham-Keuy, Baba-Keuy, Teklich et Essinli, furent pillées et incendiées.

Les deux filles Fatma et Hadidjé de Leblébidji Bey de la ferme de Hadji Pacha sise au village de Touranli à Pergame, furent enlevées.

Tchizmédji Hadji Suleïman, du village de Kourchounli de Pergame, fut tué dans sa maison par des soldats grecs qui y étaient entrés pour la piller.

Bozkirli Hadji Mehmed de Pergame et Balabanli Hadji Mehmed oglou Hadji Halil, du quartier de Rogandji, furent assassinés pendant qu'ils rentraient de leurs champs.

Mehmed effendi, fils du percepteur Halil effendi, fut forcé de servir de guide et fut tué à Zagnos.

Ali Molla oglou Ibrahim, du quartier de Hadji Ilyass de Pergame, fut tué dans sa maison.

Hafiz Hodja de Magnésie, de la mosquée Koulaksiz, fut assassiné sous le prétexte qu'il se serait plaint des atrocités grecques devant la Commission d'enquête française.

Abdulkadir effendi, du quartier de Gazi Haïreddin, fut assassiné ainsi que sa femme et sa fille qui furent violées sous ses yeux.

Une fillette de 10 ans au service de Tevfik effendi, fils du Imam Tahir effendi, du quartier Iplikdji Younuss, fut violée et assassinée.

Emin oglou, du quartier Dogandji, et Tchévik Ali, son fils Husseïn, et Ahmed Tchavouch oglou Suleïman, du village Sénedli, furent tués après qu'on leur eut crevé les yeux et arraché les ongles.

Bostan oglou Suleïman, Ahmed Tchavouch oglou Suleïman, Kara Ibrahim, Kodja Mahmoud, Toplou Mahmoud oglou Husseïn, du village de Sendelli, furent assassinés en subissant toutes sortes de tortures.

Hourié, sœur de Kodja Mahmoud, fut violée et assassinée.

Razié, fille de Tchévik Ali, fut tuée après avoir été violée par plusieurs soldats grecs.

Abdulkadir effendi, sa femme, sa fille et son fils, du quartier Ghazi Haïreddin et Khiar-Zarar Emine, du quartier Dogandji, furent massacrés.

Tcherkess topal Zékéria et le fils Sapan Ali furent tués à Boyradjik.

Kabakdji oglou Ibrahim agha, Tcherkess Hassan et Ismaïl, Kahvédji Topal, Balkdji Youssouf, furent assassinés avec leurs femmes et leurs enfants.

Afyondji Ahmed oglou Osman, du quartier Baba Kébir, fut torturé, les bras brisés à coups de bâtons et tué, pour avoir voulu délivrer sa fille des mains des soldats grecs qui voulaient la violer.

Molla Mehmed fils et ses huit compagnons de travail, qui n'étaient porteurs d'aucune arme, furent, sous prétexte d'être appelés par le Commandant, assassinés en cours de route.

Dilsiz oglou Hadji Ahmed et sa femme ainsi que Gulçum, mère de Hafiz Raghib, furent assassinés dans leur maison.

A la seconde occupation, Fatma, veuve de Mehmed effendi, greffier du tribunal religieux, et sa sœur Bahrié et son fils Hafiz Raghib effendi furent mis en pièces après avoir été souillés et violés, dans la maison du Maire Mehmed effendi. De même un octogénaire Dilsiz oglou Ahmed, notable de Pergame, et sa femme furent torturés pour leur extorquer de l'argent et furent assassinés. L'Arménien Kirkor, de Pergame, est témoin de ces deux crimes.

Le Maire du village de Kiriklar fut assassiné.

Hussam oglou Hadji Osman effendi et sa famille, du quartier de Hadji Fakih, furent mis à mort.

Véli effendi, ancien juge de Soma, eut les yeux crevés pour avoir déposé contre les Grecs devant la Commission militaire d'enquête. Sa fille de 16 ans fut violée.

Mehmed oglou Ismaïl et son fils Moustafa, du village de Aladja, eurent les pieds coupés avec une scie.

Quatre habitants de Pacha-Keuy et un de Dogandji furent fusillés.

Tous les habitants de Firouzlar furent pendus par les pieds aux arbres sous prétexte de leur faire remettre leurs armes et furent fusillés dans cette position après qu'on avait violé toutes les femmes du village sous leurs yeux.

Nombre d'autres personnes furent fusillées et beaucoup de femmes dont on ignore encore le sort furent arrachées à leur foyer.

Faits rapportés par Nébi oglou Moustafa, du village de Ermeganlar et Hadji Hafiz, du village de Tahtadji.

Husséïn effendi, de Alaïyé, fut assassiné.

Un vieux commandant retraité fut assassiné dans sa maison et son cadavre après être resté plus d'une semaine dans la maison ne fut inhumé qu'à l'approche des officiers anglais qui venaient faire une enquête.

La femme de Ali effendi Yaylalarli, du quartier de Somalilar, qui était accourue aux cris de son mari à qui on tentait de couper la gorge, fut assassinée. Le mari vit encore avec la gorge coupée jusqu'à la carotide.

Une vieille institutrice de village fut assassinée pendant qu'on pillait l'école.

Le Maire du village Firouzlar fut tué par une patrouille grecque pendant qu'il se rendait chez son beau-père au village de Dogandgi.

Hakki effendi, secrétaire à la perception d'impôts, eut la tête coupée.

Région de Ayazmend.

Le jour de l'occupation de Ayazmend par les Grecs, Sighirtmatch Mehmed agha fut tué à coups de baïonnettes.

Au village de Utch-Kaba-Agatch, les femmes qui n'avaient pas pu se sauver furent enfermées toutes dans une même maison où on les assassina après les avoir violées.

Les maisons du village Arablar furent détruites avec de l'artillerie et la plupart de ses habitants passés à la baïonnette. Le village fut entièrement incendié. Une vingtaine de femmes qu'on avait emmenées dans la direction de Ayvalik furent assassinées dans un ravin.

Les Grecs, à leur arrivée aux gorges de Kizil-Tchoukour, surprirent un vieillard qui travaillait dans son champ avec son fils âgé de dix ans. Après avoir égorgé l'enfant sous les yeux du vieillard on força celui-ci à aller aux villages voisins pour avertir les habitants que s'ils ne se rendaient pas leurs maisons seraient incendiées.

Au faubourg de Ayazmend les Grecs tuèrent tous ceux qu'ils rencontrèrent sur leur chemin et dans une ferme, après avoir tué le propriétaire et sa famille, ils emmenèrent le bétail à Ayvalik.

Ils tuèrent à Ayazmend même 70 hommes et 50 femmes.

Au village de Salihler ils tuèrent tous les hommes, violèrent les jeunes filles et emmenèrent le bétail à Dikli. Entre autres, un jeune homme de vingt ans fut tué après qu'on lui eut coupé d'abord le nez ensuite les deux oreilles.

Le quartier des réfugiés à Ayazmend fut complètement incendié et une soixantaine de vieilles femmes et d'enfants furent brûlés vifs.

Région de Kanik.

Kilitch-keuyli Hadji Yahya effendi, Asker Ismaïl, Yagdji Ahmed oglou Mehmed furent assassinés pour être des réfugiés de Pergame.

A Tchengué une femme, à Djoumali un vieillard furent brûlés vifs ; une femme eut les deux yeux crevés et cinquante personnes furent assassinées, l'officier anglais de contrôle, de passage aux environs de Tchengué vit ces cadavres et en prit des photographies.

Au village de Hamzali les Grecs brûlèrent vif un nommé Kassab oglou Himmet et à Kanik, Hassan de Kara-Zeybek, sa femme et ses deux filles Suleyman de Tirhala et sa famille furent assassinés après que les femmes furent violées.

La femme de Kassim du village de Beultchik fut violée et eut la jambe brisée. Elle se trouve en traitement à l'hôpital de Somma où des officiers français et anglais l'ont vue et ont enregistré son témoignage.

Les habitants du village de Poyradjik furent tués au moment de l'occupation et les femmes furent violées sous les yeux de leurs maris.

A Kanik, Habibé femme de Ahmed et la fille de Ali effendi, furent violées et tuées après avoir été soumises à des tortures inouïes.

A Djoumali, Ismaïl Agha fut brûlé vif. Les restes furent vus par la Commission d'enquête anglaise qui vint le 10 juillet.

Région de Kozak.

A leur entrée au village de Yocari-Bey les troupes grecques tuèrent la plus grande partie de la population, emmenèrent l'autre partie comme otages et violèrent toutes les femmes et jeunes filles.

Les villages de Tafiller et de Hadji-Véliler furent incendiés et leur population massacrée, le bétail fut emmené à Ayvalik. Eumer effendi, juge religieux de Ayvalik, fut traîné par la barbe de porte en porte pour indiquer les notables et les riches de la région auxquels on extorquait de l'argent en leur faisant couler de l'huile bouillante dans les yeux.

Le village de Bagh-Bozoun fut détruit à coups de canon et ses habitants massacrés. Les femmes furent emmenées pour une destination inconnue.

Les habitants des villages de Achagui-Djoumali, Démirdji-Déré, Okdjilar, Abvanlar, Achagui-Bey, Kaplan, Hissar et Keupruler, ayant fui devant les horreurs de l'invasion grecque, leurs maisons furent pillées et tous leurs biens envoyés à Ayvalik.

Au village de Touranli cinq hommes furent fusillés.

Au village Imroud-Abad de Burhanié, à Tcham-Oba, les Grecs couchèrent à terre un notable Salih effendi et le menacèrent de lui couper la gorge pour lui extorquer de l'argent et effectivement lui coupèrent un de ses bras. Il put se réfugier à grand peine à Ivrendi. Un grand nombre de femmes furent enfermées dans une maison où elles furent violées et tuées. Tout ce qu'il y avait de transportable dans le village fut emmené à Ayvalik.

Les Grecs détruisirent un grand nombre de maisons en occupant Kara-Agatch d'où ils emmenèrent trois otages dont deux parvinrent à s'échapper; on ignore le sort du troisième.

Le 25 juillet les Grecs emmenèrent de Tatarli trois otages qu'ils tuèrent en route.

Les forces d'occupation grecques obligent les habitants des régions qu'elles occupent ou traversent, à signer des documents déclarant leur satisfaction envers les Grecs.

Villages détruits.

Tcham-Keuy, Yénidjé, Kizil-Tchoukour, Kodja-Ova, Eubé, Merkez-Koundak et le quartier des réfugiés à Ayazmend, furent complètement détruits par des incendies. Aladjalar, Achagui-Kiriklar, Réchadié, Chakran, Eghri-Keuy et Boz-Keuy le furent partiellement. Les habitants qui n'avaient pas pu fuir à temps furent brûlés vifs. Durant l'incendie des villages de Tchengué, Djoumali, Yagh-Alan et Yalniz-Eve, les habitants qui voulaient fuir le feu furent achevés à coups de fusils.

A la seconde occupation de Pergame, tous les villages situés entre Pergame et Dikili, furent incendiés.

Le village de Indjédjikler dans la région de Pergame, fut complètement incendié et sa population exterminée.

Les Fermes incendiées et pillées

Entre Pergame et Dikili les fermes de Kharpoutli Eumer Aga, de l'Albanais Moustafa Aga, de Kodja Ovali Molla Ismail, de Déveli Ali, de Issa bey, de Sirdar Zadé, de Hadji Molla, de Zadé Mahmoud Effendi, de Mehmed Hadji Effé, de Tcherkesse Husein bey, de Hodja Riza Effendi et de Pacha Ogoullari ont été complètement brûlées avec toute la récolte, le bétail pillé et envoyé à Mytilène. Zeytinlik de Courcalli est complètement brûlé.

RÉGION D'AÏDIN

Chéfik Saki bey, Kiamil bey, Emin bey et Eumer bey furent emprisonnés et torturés pour avoir parlé avec deux officiers italiens qui étaient venus à Aïdin avant l'occupation par les Grecs.

Il fut défendu aux muezzins de chanter l'appel à l'heure des prières.

Un jeune homme nommé Mehmed effendi, fils de Kavass zadé Ahmed effendi, ayant refusé à cause de son jeune âge de répondre à une invitation d'un officier grec, ce dernier le blessa à la tête ainsi que son frère et le nommé Nouri Bey, secrétaire de l'Administration de la Dette Publique Ottomane, qui essayèrent de le défendre.

La famille de l'avocat Enver Bey fut assaillie à son retour de ses vergers par deux Grecs du pays accompagnés de deux soldats hellènes. La femme et la fille de l'avocat furent violées et dévalisées.

La femme de Yorgandji Bahri effendi fut violée dans sa propre maison.

La femme de Pépé Mehmed effendi fut violée dans son verger.

Un grand nombre de jeunes gens furent emprisonnés et torturés par les Grecs qui les laissèrent plusieurs jours sans boire ni manger.

Kassab Ibrahim de Sebzé-Bazar qui avait été sauvé des mains des Grecs qui le torturaient, par un médecin grec, fut emmené par un officier des Evzones qui le tua avec son revolver sur le pont de Nazilli, sous les yeux épouvantés de centaines de personnes.

Le commissaire municipal Moustafa effendi fut tué sur le même pont.

Arab Hadji Hafiz du quartier de Koz-Dibi, fut tué en pleine ville à son retour de ses vergers.

Vehbi fils de Koulachinli Ibrahim qui rapportait du bois chez lui, fut assassiné au lieu dit Pounar-Bachi.

Les soldats grecs qui rossèrent à mort au marché, Hammal Ali, furent vus à l'œuvre par le commandant de place grec et ses deux aides de camp qui les en félicitèrent.

Le directeur intérimaire de l'Administration de la Dette Publique fut roué de coups devant la porte même du palais gouvernemental par un soldat.

Après avoir déclaré l'état de siège et ramassé les armes de la population, on distribua des armes aux Grecs du pays qui parcoururent la ville sous la direction de prêtres venus de Grèce.

UN CHEF "ZEÏBECK"

DÉMIRDJI MEHMED EFFÉ

*Commandant la brave "Légion de Volontaires"
qui défendent les lignes turques
devant les forces helléniques*

38 otages qu'avaient emmenés les Grecs en évacuant Nazilli, furent fusillés à Keuchk.

Ils assassinèrent aux environs de Keuchk onze personnes dont deux femmes et un enfant.

A Umourli et ses environs les Grecs tuèrent quatre personnes et en blessèrent six.

Ils incendièrent toutes les maisons sises sur la route Aïdin-Umourli.

38 notables musulmans emmenés de Erbekli et Déghirmendjik pour une enquête, furent tués dans le train avec dix autres voyageurs et leurs cadavres furent jetés sur la voie.

Huit vieillards qui n'avaient pas pu suivre l'exode des musulmans de Kara-Pounar, furent tués et le village fut incendié. Le bétail fut distribué aux Grecs du pays.

Les villages de Yéni-Keuy, Kadi-Keuy, Ova-Emiri, et Kizildja-Keuy, aux environs de Aïdin, furent incendiés et leurs habitants massacrés.

Deux Grecs du pays et deux soldats grecs pénétrèrent dans la maison de Hadji Yahya effendi du quartier de Djouma, tuèrent lui, sa femme, sa fille et son fils et emportèrent un panier plein de pièces d'or et un sac bourré de papier monnaie.

Moustafa effendi, greffier du tribunal, ayant quitté sa maison avec sa mère et sa femme à l'approche de l'incendie, furent grièvement blessés par le feu des patrouilles grecques. Elles sont en traitement à l'hôpital de Denizli, où le commandant français Lombon les a vues.

Au quartier de Djouma, la femme nommée Zéliha fut tuée en pleine rue à coups de baïonnette.

Au même quartier un Grec du pays et deux soldats grecs se présentèrent chez une femme nommée Olali kizi Ayché pour lui demander sa fille connue par sa beauté. N'ayant pas trouvé cette dernière ils tuèrent la mère.

Dans le même quartier ils enlevèrent la fille de l'épicier Djoundan Mehmed agha en tuant le père et la mère.

Toujours dans le même quartier, Hadjer, femme de Ispartali Ahmed qui fuyait l'incendie, fut tuée dans la rue avec son bébé de 15 mois qu'elle avait dans les bras.

Ayché, fille du cordonnier Hadji Mehmed de Edrémid, fut grièvement blessée à la poitrine. Elle est en traitement à l'hôpital de Edrémid où elle fut secourue par le commandant Lambon, représentant militaire français.

Mehmed, charbonnier du quartier, qui sauvait sa vieille femme de 70 ans, sur son dos fut assailli à coups de fusil. Sa femme fut tuée et lui blessé.

Au quartier de Dukkian-Eunu, deux Grecs du pays et deux soldats grecs entrèrent chez Kildji zadé Hadji Ismaïl qu'ils pillèrent après avoir tué et violé sa femme, sa jeune fille et la femme et la belle-sœur du pharmacien municipal Essad effendi qui étaient en visite chez eux.

Après avoir fait sauter avec une bombe la porte de sa maison, ils égorgèrent l'ancien administrateur des forêts Arif bey.

La mère, le gendre et l'enfant de Loutfi effendi, marchand de savon du quartier de Djouma, qui fuyaient leur maison à l'approche de l'incendie, furent tués dans la rue. Les deux enfants de Faldji Arabe furent tués dans la même rue.

Dans le même quartier Izik oglou Hafiz fut volé, sa maison brûlée et lui-même fut assassiné.

Achdji Mehmed fut tué et sa femme et sa fille violées.

Ismaïl, fils de Pazarli oglou Ahmed fut assassiné dans sa maison.

Hadidjé, femme de Kestanédji Mehmed fut violée et tuée.

Mehmed Bey de Sultan-Hissar et sa famille, furent assassinés dans leur maison.

Halvadji oglou Ismaïl fut tué dans sa maison.

Aynédji Ali Dédé fut tué et sa maison incendiée.

Djubbédji Hafiz fut tué et sa maison incendiée.

Le tailleur Kara Ahmed et son fils Mehmed furent égorgés.

Le cordonnier Nouri fut tué et sa maison brûlée.

Le bourrelier Mehmed et sa famille furent assassinés.

L'huissier de la Banque Agricole fut tué dans sa maison.

Saliha de Tchakirlar fut violée et égorgée.

Hafiz de Istankeuy fut assassiné.

Djigher oglou Ali, sa femme, son fils et son gendre furent tués et leur maison incendiée.

Zia Bey et son frère, de Kouch-Ada, furent assassinés dans leur maison.

Tezghahdar oglou, sa femme et sa fille furent tués pendant qu'ils fuyaient l'incendie.

Ak-Dagli oglou Démirdji Moustafa, Kanatavali Hassan et son frère Aslan, Ibrahim oglou Mustafa et son frère Mouharrem, du quartier de Mechroutiet; Hafiza fille de Emine Hodja et sa fille, Fatma fille du laitier Bourmouch, Hadidjé fille du jardinier Ali Tchavouch du quartier Orta; Zeliha du quartier Karadja Ahmed, et Touti fille de Hadji Kadi du quartier de Djouma furent assassinés.

Kalkan oglou Hafiz, Kirli Meryem, Alti oglou Mustafa, Tchakir Osman, Bozdoganli Ahmed Tchavouch, Ibrahim, Bourgaz Mehmed, et Gheuk Oglan oglou Mustafa, sa fille, son fils, et sa femme enceinte furent assassinés. Cette dernière eut le ventre ouvert. Ces personnes étaient du quartier de Tchiksourout.

Defter oglou Ayché, Ghiridli kizi Touti et Hussnié furent violées, éventrées et brûlées vives.

Kara Démirdji et sa famille composée de 5 personnes du quartier de Kemer, Tchakir oglou Mustafa, Tchifdji oglou Mehmed Ali (femme), du quartier de Tchiksourout, et Dané Mehmed Ali du quartier de Kemer, furent tués après qu'on lui eût coupé le nez et les oreilles.

Hussein Tchavouch, Mehmed Salih, Hadji Salih oglou Ahmed, Hamourdji kizi, Eminé, la fille et la mère de Bamyadji Hodja, Hadidjé fille de Hakim-Guélin, et Hadidjé fille de Emirler, du quartier de Tchiksourout, furent tués et leurs cadavres brûlés.

Tchakir Mehmed oglou et sa femme Djémilé du quartier Dukian-Euni, Nébiguélini Fatma, Mehmed mari de Zahidé, et Kadaïfdji Suleyman du quartier Tchiksourout, Kavakli Suleymen, sa femme sa fille et ses fils, Daghli Hussein oglou Hussein, Fatma mère de Varpezli oglou, du quartier de Kemer, Hamal Kadir, Mevtyab Ibrahim du quartier Koutbou-Ala, Balikdji kizi Emir Ayché et son mari et la femme du charbonnier Mehmed du quartier Djouma, furent assassinés.

Kildji Ibrahim du quartier Koutbou-Ala, Arab Tahir du quartier Kaynak, le percepteur Halil effendi du quartier Koz-Dibi, la femme du tanneur Abdullah du quartier Orta - Mahallé le muezzin Molla Mehmed du quartier Dukkian-Eunu, Tépédjikli Cherif Ali du quartier Koutbou-Ala, l'avocat Mehmed Hilmi effendi du quartier Baldjilar, Mehmed Ali effendi père de Kiamil effendi de Kadi-Keuy, Ambarli oglou Mehmed effendi et le notable Nédjib du quartier de Ramazan Pacha eurent leurs maisons pillées, leur argent volé et furent assassinés.

La fille et les deux fils de Arab oglou Mehmed du quartier Hissar, Ekiz-Déréli Abdurrahman, Konyali Hassan, Kara Ali oglou, Mehmed et sa famille, Hodja Youssouf effendi et sa fille, Fatma femme de Ressoul oglou furent tués.

Les enfants du pharmacien Ali effendi, Ayché femme de Cheikh Azis effendi, la femme et le fils de Ibrahim effendi de Kouch-Ada furent assassinés.

Pendant que Hafiz Halil du quartier de Djouma fuyait l'incendie avec sa famille, son fils Mehmed âgé de 7 ans eut les deux bras emportés par des balles de fusil et mourut quelques jours après. Sa fille de 11 ans Louthié, fut blessée à l'aine et fut visitée à Dénizli par le commandant français Lambon. A l'endroit où ils furent blessés, une quarantaine de femmes et d'enfants étaient rassemblés dont douze furent tués et le reste fut blessé et emmené à l'hôpital de Nazilli.

Au quartier de Karadja Ahmed, Echméli Berber oglou Emin, Karchi-Yakali oglou Ahmed oglou Ismaïl, et au quartier de Dukkian oglou, Minardji Mustafa, sa mère Fatma et sa fille furent assassinés.

Au quartier de Karadja Ahmed, le portefaix Kadir Agha fut coupé en quatre.

Au lieu dit Ghiz on trouva les cadavres de sept Turcs inconnus.

Au quartier de Karadja Ahmed, Hadidjé femme de Salih effendi et sa fille Hourié, furent éventrées par leurs voisins grecs qui les emmenèrent auprès des soldats.

Une jolie femme turque du quartie· de Dukkian-Eunu fut emmenée par les Grecs et on retrouva son cadavre dans le cimetière de Karadja-Ahmed, le bras coupé et enfoncé dans le vagin.

Le cadavre du boucher crétois Husseïn Agha du quartier de Djouma fut retrouvé au lieu dit Guépez.

Les réfugiés de Osmanié et de Palanka, Moustafa oglou Husseïn, Hassan Tchavouch et Moustafa effendi furent assassinés à la sortie de l'hôtel de Smyrne qui venait de prendre feu.

Salih et Touti Kadine, réfugiés de Djoumaï-Bala, furent tués.

Kiziklarin Hafiz effendi, négociant, Bochnak Chakir, habitant le Médressé Abadji-oglou, la femme Fatma de Salonique, Tatar Muharrem du quartier Hamidié, furent brûlés vifs dans un brasier où on les jeta.

Lettre adressée par Chukri Bey, commandant des forces nationales, au commandant des contingents italiens de Tchiné, pour être remise aux Représentants d'Italie, des États-Unis, d'Angleterre et de France.

Les Grecs, qui ont occupé Aïdin et la région environnante, se sont mis, après une courte période de calme, à pratiquer avec une sauvagerie inouïe la politique d'extermination de l'élément turc, dans le but de pouvoir revendiquer et se faire annexer ces contrées dont les 95 % de la population sont Turcs et Musulmans. Les massacres, les forfaits abominables, l'incendie de villages entiers et des quartiers turcs, tous ces crimes perpétrés par les Grecs constituent une honte pour notre ère de civilisation. **Pour avoir été victimes d'actes aussi odieux quelles fautes ont donc bien pu commettre ces femmes, ces enfants, ces pauvres gens innocents qui ne vaquaient qu'à leurs affaires. Ils ont été pris sous le feu des bombes, des fusils et des mitrailleuses. Ils ont été jetés dans des maisons en feu et brûlés vifs; ils ont eu les yeux crevés, la tête fracassée, ils ont été jetés dans des puits; les voyageurs turcs furent descendus des trains, les femmes et les jeunes filles furent violées sous les yeux de leurs maris et de leurs parents, les hommes assassinés en masse;** et à la suite de ce régime de terreur, à cause de ces crimes et de ces massacres la population musulmane de Seuké jusqu'à Aïdin, dépouillée de ses biens, souffrant de la faim et de la misère, dut se réfugier dans la zone italienne au sud du Méandre, pendant qu'une partie se réfugiait dans les montagnes. Pourquoi cette sauvagerie? Quel chrétien fut molesté jusqu'à ce jour dans ces régions par la population musulmane de la région d'Aïdin, pour que celle-ci ait mérité d'aussi odieux traitements. Les quelques Grecs venus de divers côtés et établis à Aïdin et aux alentours forment la classe la plus aisée et la plus heureuse de la population. Ce bonheur, cette aisance, ne sont-ils pas le fruit de la bonne entente et de l'assistance bienveillante de la masse turque? Qui pourrait nier cette évidence? Les Turcs sont-ils des créatures en dehors de la grande famille humaine pour qu'ils ne soient pas défendus contre d'injustes agressions? Nous le demandons à la conscience de l'Humanité? Je prends à témoin les Italiens, les Français, les Anglais qui vivent à Aïdin et qui ont toujours été traités, non pas en étrangers mais en compatriotes. Je les exhorte à dire si les villageois turcs ont leurs pareils parmi leurs voisins pour agir avec autant de calme et de mansuétude. **En butte aux attaques perfides et à une oppression ignoble, les Turcs ont naturellement aujourd'hui recours aux armes, et sont décidés à défendre leur vie et leur patrie contre la sauvage incursion des Grecs.**

Au nom de la conscience humaine je vous supplie de faire en sorte que la question d'Aïdin soit étudiée au point de vue humanitaire et que la population soit délivrée du régime barbare de l'occupation grecque; que les habitants reprennent leurs droits et leur liberté. Je propose aussi que l'on demande aux Français, Anglais et Italiens établis à Aïdin, aux gendarmes et au vice-consul français et aux sœurs catholiques, avec quelle bienveillance la population grecque fut traitée lors de la réoccupation de la ville par les forces civiles qui combattent sous mes ordres. Les Grecs, ceux-là même qui avaient personnellement pris une part active aux crimes et forfaits de la soldatesque hellénique eurent la vie sauve et furent protégés contre la vengeance pourtant justifiée de la population turque si diaboliquement martyrisée. Les Grecs avaient massacré même les enfants au berceau. Ils ont cru de leur intérêt de tuer tous ceux qu'ils rencontraient.

Je vous prie de vouloir bien faire entendre aux Grandes Puissances de l'Entente que nous les prions au nom de l'humanité de rendre le calme et la tranquillité à ce pays en mettant fin au régime ignoble des aventuriers grecs et en renvoyant les forces d'occupation helléniques. Ainsi serait possible le retour à ..es foyers d'une nombreuse population turque qui a souffert tous les tourments de l'enfer.

Je vous prie, Monsieur le Commandant, d'agréer, etc.

Signé : CHUKRI.

Commandant des forces nationales de la région d'Aïdin.

LES HORREURS DE LA VALLÉE DE MÉANDRE

AIDIN (1) - NAZILLI - DENIZLI

Mémoire sur les atrocités grecques, pendant l'occupation et l'évacuation d'Aïdin et de Nazilli.

1. Le 15 mai 1919 au soir, la nouvelle télégraphique inattendue parvenue à Aïdin sur l'occupation de Smyrne par les forces helléniques causa une très vive émotion parmi les habitants musulmans. Mais l'effervescence devint plus indescriptible encore quand on sut immédiatement après, les forfaits commis par les Grecs sur la population turque du grand port de l'Egée.

Le commandant des troupes helléniques annonçait dans sa première proclamation qu'il n'occuperait que Smyrne et ses environs immédiats, mais faisait état des liens historiques qui auraient existé depuis trois mille ans (1) entre la Grèce et la région de Smyrne. La seconde proclamation cependant était adressée « aux populations du vilayet » tout entier.

Les Turcs d'Aïdin ne se trompèrent pas sur les intentions du Gouvernement hellène et les conséquences qui ne manqueraient pas de suivre. Pressentant le danger, ils s'adressèrent aux représentants Alliés et tout en protestant contre cette prétention arbitraire, déclinèrent d'avance toute responsabilité des événements ultérieurs tant que les auteurs des ignominies commises sur la population turque de Smyrne et des environs ne seraient pas châtiés.

Sur les assurances réitérées du représentant militaire anglais à Aïdin, que l'occupation avait une portée purement militaire et temporaire et serait limitée aux environs de Smyrne seulement, la population renonça à toute velléité d'opposition armée contre cette injuste invasion.

2. Le lundi 27 mai, les Grecs occupèrent Aïdin sans aucune résistance. Le 4 juin, ils arrêtèrent à la station de Balatdjik le professeur Ahmed Emin Bey, le notable Kiamil Effendi, l'avocat Réchid et son frère Assim, le notable Chérif Safi, Réfik Chevket et Omer Lutfi beys, avocats à Nazilli. Ils étaient inculpés « de ne pas désirer la présence des Grecs à Aïdin ». Ces agissements alarmaient bien la population, mais elle ne désespérait pas tout de même de la justice de l'Europe civilisée.

---

(1) La plus grande partie des documents terrifiants sur les atrocités d'Aïdin se trouvent dans la première série des atrocités grecques publiées précédemment par la Ligue ottomane.

3. La nuit suivante, la dixième après l'occupation, six notables des plus considérés qui rentraient chez eux, furent mortellement battus par un officier grec. Cette même nuit, ainsi que le lendemain, des soldats grecs pénétrèrent par force dans quatre maisons turques, qu'ils pillèrent, et violèrent les femmes qui s'y trouvaient. Dès lors, le pillage, le meurtre et l'outrage à l'honneur des familles continuèrent de plus belle. Les Grecs indigènes rivalisaient en ignominies avec les soldats hellènes. Un employé de la Dette publique, Nouri Effendi, Kavass Zadé Mehmed Effendi, son frère Moustapha, Yuzbachi Zadé Bahri, Hadji Ibrahim Effendi Zadé Feyzi, Diri Zadé Moustapha Effendi furent battus et blessés; la mère et la sœur de Hafize Mehmed Effendi de Karadja-Eurène et d'autres furent violées.

4. Le mardi 3 juin, les Grecs occupèrent aussi Nazilli. A cette occasion, ils forcèrent les Turcs, sous menace de mort, de défiler la tête baissée devant la photographie de Vénizelos.

5. Nazilli resta dix-sept jours sous l'occupation grecque. Pendant ce temps, ils pillèrent les maisons turques, déshonorèrent les femmes, arrêtèrent, battirent, blessèrent beaucoup de gens. Sous la botte, les Musulmans ne purent que se résigner à leur terrible sort.

6. Le jeudi 19 juin, à 1 heure du matin, ils évacuèrent subitement Nazilli, en emmenant avec eux, menottes aux poings, une quarantaine de notables turcs, qu'ils assassinèrent d'ailleurs à quelque distance de la ville.

9. Le samedi 21 juin, l'officier anglais, Mr. Hoder, accompagné d'Abdurrahman Bey, gouverneur d'Aïdin, Hakki Bey, président de la Cour d'appel, et du notable Izzet Bey, arriva à Nazilli. Par un heureux hasard, le commandant de gendarmerie italien, Mr. Carvissini se trouvait aussi là. Ils se livrèrent ensemble à une enquête sur les atrocités grecques. Outre les témoignages des chrétiens eux-mêmes, ils ont pu voir sur leur parcours des monceaux de cadavres turcs mis en lambeaux par les soldats grecs. Les faits étaient si révoltants que Mr. Hoder ne put s'empêcher d'exprimer publiquement, devant une nombreuse assistance, à l'Hôtel de Ville, son indignation sur les ignominies injustifiables perpétrées par le commandant et les soldats grecs.

10. La population musulmane s'attendait à voir châtier ces criminels hellènes. Bien au contraire, le 21-30 juin, les Grecs donnèrent libre cours à leurs forfaits et la ville d'Aïdin devint l'horrifiant théâtre des plus odieux crimes que n'aient enregistrés les annales des ères passées. Incendies, destruction des villes et villages, des gens maltraités, mutilés, blessés, égorgés, brûlés vifs, mis en lambeaux, rien n'a manqué. Ils massacrèrent cinquante Turcs à Kermendjik, égorgèrent comme des bestiaux soixante autres dans le train qui allait à Aïdin, jetant leurs cadavres tout le long de la voie ferrée. Ils brûlèrent tous les villages de la région, en massacrant leurs habitants. Bien peu seulement de ces pauvres paysans terrifiés purent sauver leur vie en se réfugiant dans les montagnes escarpées. A Aïdin, en pleine rue, ils arrêtent les paysans, les rouent de coups, les criblent de baïonnettes, sous les yeux mêmes des habitants. Ils enfermèrent des pauvres gens dans des souterrains privés d'air, de lumière et de nourriture pendant plusieurs jours. A ces méfaits horribles s'ajoutent les forfaits des bandits grecs indigènes armés par l'autorité hellénique. La sécurité n'existait plus. Les Turcs fermèrent leurs boutiques, abandonnèrent leurs affaires et chacun chercha à s'abriter chez lui. Une délégation envoyée auprès du commandant grec n'obtint même pas réponse. Alors commença une exode en masse de la population turque.

11. D'autres indices faisaient encore prévoir la destruction prochaine d'Aïdin et le massacre de ses habitants. Un Grec indigène Mihalaki, cor-

donnier, devenu persona grata auprès des autorités helléniques, disait à ce propos à Djanbaze Zadé Ali Effendi que « *le gouvernement grec évacuerait peut-être Aïdin, mais que ceux qui l'occuperaient ne trouveraient ni un homme en vie, ni une maison debout* ». D'autre part, quelques autres Grecs indigènes, entre autres le Dr. Harilaridis, le Dr. Ourgandji-Oglou, le négociant Théocharis, répétaient à tout venant : « Ah! vous attendez le secours des Italiens, vous verrez bien comment vous serez châtiés. » Les Grecs, après avoir isolé Aïdin, ordonnèrent aux non-Musulmans, Juifs, Arméniens et autres, de troquer leurs fez (coiffure turque) contre des chapeaux. Ils déclarèrent n'accepter aucune responsabilité pour la vie de ceux qui ne se conformeraient pas à cet ordre.

12. Le jeudi 26 juin, le commandant grec rassembla les Turcs dans la cour du palais du gouvernement et les somma de lui livrer dans les dix-huit heures les 6.000 fusils qu'ils devaient posséder. « S'il en manquait même un seul, vous seriez tous fusillés, leur dit-il. » Et d'une voix menaçante : « L'occupation grecque, ajouta-t-il, n'a nullement un caractère provisoire, c'est l'annexion définitive d'Aïdin à la Grèce. » Le gouverneur Abdurrahman bey lui promit de faire son possible pour rassembler les armes que la population pouvait posséder, mais il attira l'attention du commandant hellénique sur les massacres et exactions systématiques qui continuaient soit dans la ville, soit dans les villages et fit remarquer que la circulation des Grecs indigènes armés et leurs méfaits constants n'étaient pas de nature à lui faciliter la tâche. Le commandant grec, sans nier ces forfaits, se contenta de dire que sa résolution était prise et que son ordre était catégorique.

13. Le vendredi 27 juin, les huissiers des bureaux du gouvernement et le lendemain le gouverneur Abdurrahman bey, le président de la Cour d'appel, le Procureur impérial, les notables Izzet, Hadji Ahmed beys et le contrôleur de la régie Omer bey, le Dr. Nouri bey et beaucoup d'autres personnes furent arrêtées. Les cadavres de la plupart d'entre eux furent trouvés quelques jours plus tard dans les montagnes, mais le sort des autres malheureux n'a pu être connu jusqu'à ce jour.

14. Le 29 juin, le commandant grec ayant, par surprise, essayé d'encercler les forces nationales turques concentrées au sud de Méandre, une bataille s'engagea. Le lundi 30 juin, à 11 heures du matin, après un combat de quarante heures, les forces nationales entrèrent dans la ville. Le calvaire des habitants turcs d'Aïdin, pendant ces deux jours, est quelque chose d'inimaginable. Les soldats hellènes, aidés des Grecs indigènes, mirent le feu aux quartiers turcs, fusillèrent à coups de fusil et de mitrailleuse, tous les malheureux, femmes, enfants, vieillards qui voulaient échapper à l'incendie et qui succombaient au milieu des flammes. C'était un moyen comme un autre de faire disparaître leurs cadavres, preuves irréfutables de leur monstrueuse ignominie.

15. Des centaines de pauvres gens réfugiés à l'Ecole française des jeunes filles; quatre officiers français de gendarmerie, le Consul honoraire de France, M. Vasilaki, un Grec indigène, les religieux catholiques de l'Ecole, ainsi que Mr. Hoder furent les témoins oculaires de ces crimes incroyables.

16. Malgré la complicité et l'association des Grecs indigènes dans la perpétration de ces crimes, les forces nationales en reprenant la ville, ne tinrent nullement à se venger de ces compatriotes perfides et assassins. Au contraire, elles leur ont procuré des gîtes dans les villes non occupées par les Grecs, comme il ressort de leur propre attestation.

17. Le président du tribunal Hakky bey, le procureur général Chevket Bey et le notable Izzet Bey qui avaient été emmenés par les Grecs, furent assassinés par eux, pour détruire les preuves que ces malheureux avaient eu le

tort d'assembler sur les crimes de Nazilli et des villages environnants. Mais ils n'étaient pas les seuls témoins et l'officier anglais, Mr. Hoder, est aussi renseigné qu'eux. Les victimes de la ville d'Aïdin sont au nombre de 4.400, dont plus de 4.000 Musulmans, et seulement 3 ou 400 non-Musulmans. Les dommages matériels sont évalués à plus de 12 millions de livres turques, soit plus de 250 millions de francs.

Nous soumettons à la connaissance du monde civilisé ces actes d'atrocité et de barbarie. De Smyrne jusqu'à Nazilli toutes les villes, bourgades, villages, ne sont qu'un amas de ruines et de décombres. La plupart cachent à peine dans leurs débris encore fumants, les cendres, les cadavres calcinés, les restes sanglants des milliers, des dizaines de milliers de pauvres gens innocents, de femmes, d'enfants, de vieillards sacrifiés à la férocité des hordes helléniques. Des centaines de mille rescapés, plus malheureux encore, errent maintenant dans les montagnes sans abri, sans gîte, sans nourriture, moralement et physiquement abattus, preuves vivantes du crime grec. Et de toute cette région dévastée s'élève aujourd'hui un cri de détresse effroyable. Ils réclament aide et protection, mais les morts comme les vivants demandent, exigent une seule chose avant tout : la justice.

Extrait d'un rapport sur les atrocités de Nazilli

Les troupes grecques d'occupation ont commencé brusquement un mouvement de retraite le jeudi 19 juin, à minuit. Se rendant à toutes les maisons des chrétiens, ils ordonnèrent à ceux-ci d'accompagner les troupes, leur déclarant que les Turcs les tueraient. Elles se rassemblèrent, à 2 heures, sur la place de la caserne, désarmèrent les gendarmes ottomans dans les environs de la caserne; et, se faisant précéder de toute la population chrétienne et emmenant Kenan Bey, qui était leur prisonnier depuis trois jours ainsi qu'une trentaine de Musulmans à qui ils avaient lié les mains, ils quittèrent Nazilli pour se diriger vers Aktcha.

Le matin venu et tout le monde debout, on constitua immédiatement des forces nationales et on confia la garde de la ville à des personnages honorables, dignes de confiance qui furent chargés d'accomplir leur devoir patriotique et humain. Pour parachever l'instauration de l'ordre ainsi établi, on tenta de télégraphier pour inviter des troupes régulières turques des environs; mais on ne put y réussir, les fils télégraphiques ayant été coupés par les Hellènes et les communications interrompues de tous côtés. Malgré cela, l'ordre fut parfaitement assuré avec les forces nationales qui avaient été constituées.

Plus tard les forces nationales conduites par Hamdi bey, ainsi que la cavalerie placée sous les ordres du commandant Hakki bey étant arrivées, on put étendre la tranquillité aux villages et aux communes; les biens ravis furent retrouvés en partie dans les différents endroits où ils avaient été cachés et on continua à rentrer en possession du reste.

Quoique l'occupation du caza de Nazilli par les troupes grecques se soit accomplie sans incident et qu'elle ait été admise avec résignation et confiance dans la justice de l'Europe, et qu'on n'ait opposé aucune résistance matérielle, dès le jour de l'occupation, les soldats grecs s'attaquèrent aux femmes musulmanes, et poussèrent l'indécence jusqu'à se livrer à des actes qui révolteraient les êtres les plus impudiques, comme d'exhiber leur organe génital en pleine rue. Ils blessèrent les sentiments religieux de la population musulmane en criant au muezzin qui invitait à la prière : « Ne braie pas comme un âne. »

Le commandant hellénique a toléré qu'on dévalisât chaque jour un ou deux magasins avec la complicité des Grecs du pays, qu'on s'emparât sans compensation des biens, ou encore qu'on vidât intentionnellement les sacs contenant les céréales. Journellement plusieurs personnes respectées de tous ont été arrêtées sous des prétextes futiles comme les formules : « Vous ne voulez pas de l'occupation hellénique » ou bien « Vous auriez réclamé une occupation anglaise, française ou italienne. » Deux jours avant de se retirer les Grecs ont emprisonné sans aucun droit ni raison, uniquement parce qu'ils faisaient partie de la classe honnête et intellectuelle, le commandant en retraite Kémal bey, l'employé de la Régie Chukri bey, Hafiz Mehmed, Hadji Mehmed, le percepteur Riza, ainsi qu'une trentaine de personnes. A leur départ, ils emmenèrent tous ces prisonniers après leur avoir lié les mains, sauf Chukri Bey, qui fut forcément relâché comme employé de la Régie; Kénan Bey et Hadji Hamdi furent grièvement blessés. Les autres, ainsi que les nombreux Musulmans qui furent arrêtés en cours de route, ont été massacrés et leurs cadavres jetés dans les fossés.

(signé) *Le Mufti de Nazilli* : SALIH.

Le Maire : MEHMED EMIN.   *L'avocat* : ILHAMI.

RÉGION DE MÉNÉMEN

Appel à la justice des survivants des Massacres de Ménémem remis aux représentants des Puissances alliées à Smyrne.

Nous adressons à Votre Excellence notre protestation au sujet des massacres perpétrés, le mardi 17 courant, par les troupes helléniques et les Grecs indigènes sur la population musulmane de Ménémen, et vous prions de la soumettre à la haute appréciation de votre Gouvernement dont nous demandons la protection.

Le 22 mai dernier, le sous-gouverneur du Caza, Kémal bey, avait averti la population de l'occupation prochaine de Ménémen par les troupes helléniques et nous avait exhortés à garder le calme et la tranquillité. Cette occupation n'aurait été que temporaire. Nous avons obéi à ses conseils et l'occupation militaire s'effectua dans le calme le plus absolu. Nous nous empressâmes même de remettre spontanément nos armes au Commandant hellénique.

Malheureusement nous fûmes terriblement déçus et notre résignation fut bien autrement récompensée. Il est avéré, en effet, que le crime monstrueux commis par la suite était dûment prémédité, comme le prouvent l'armement des Grecs indigènes, les signes spéciaux mis aux murs des maisons turques par les boy-scouts grecs. Un matin, au milieu du calme et de la tranquillité qui n'avaient cessé de régner, une fusillade soudaine éclata en ville, tuant des centaines de Turcs et en blessant beaucoup d'autres. Effarés, nous nous réfugiâmes dans nos maisons; et tout le jour et toute la nuit suivante, nos domiciles furent violés, pillés, et jusqu'aux femmes et aux enfants tout le monde passé par les armes. Le sous-gouverneur Kémal bey fut assassiné dans sa chambre en chemise de nuit. Lui qui rassurait toujours la population fut la première victime du forfait prémédité par le Commandant grec et exécuté par ses suppôts. La prétendue tentative de révolte n'est qu'une pure invention et la preuve la plus évidente est qu'aucun soldat ou civil grec ne fut même égratigné.

Les faits suivants prouvent pleinement la préméditation de ces massacres :

1° La veille du crime, les maisons turques furent fouillées sous prétexte de rechercher des armes;

2° Le bataillon grec en retraite de Bergama s'est retiré à Deyirmen Dagh pour tenir des conciliabules avec les bandits grecs indigènes;

3° La nuit précédant le crime, le konak du gouvernement fut occupé par un fort détachement grec qui assassina le sous-gouverneur et six gendarmes qui sy trouvaient;

4° La population musulmane n'a pas fait usage d'armes puisqu'aucun Grec, tant civil que militaire, ne fut même blessé;

5° L'emploi des balles explosibles, comme l'a prouvé l'enquête ultérieure;

6° L'insulte et même les voies de fait des Grecs sur le Métropolite (évêque) grec, Mgr Nicolaki, en pleine église, parce qu'il s'opposait au massacre de la population turque;

7° Le signe de croix apposé aux magasins et boutiques des non-Musulmans la veille des événements, ce qui eut pour conséquence le sac de ceux appartenant aux Musulmans;

8° L'aveu du commerçant grec Anania qui a avoué, dans le magasin de Chukri effendi et devant témoins, que les jeunes gens grecs voulaient massacrer les Turcs, mais que lui et le Métropolite s'y opposaient;

9° L'avertissement donné par Saboundji Panayot à ses amis musulmans qu'ils seraient massacrés et qu'ils devaient se sauver au plus tôt;

10° Les cadavres de la plupart des Musulmans furent jetés dans la rivière Hermus;

11° Beaucoup de Turcs ont été assassinés à Kizkapou et Tcherkess Mahallé.

12' Un certain nombre de cadavres furent incinérés au quartier Kognadji-Baghi et bien d'autres enterrés clandestinement dans des endroits divers pour détruire les preuves de ces sauvageries.

L'instigateur et l'organisateur de ces crimes horribles est le Commandant en personne des forces helléniques. Nous demandons avant tout le châtiment exemplaire de ce monstre.

Ensuite nous demandons protection pour notre honneur, notre vie et nos biens exposés à chaque moment aux menaces de ces bandits. Si le monde civilisé ne veut pas reconnaître notre droit à l'existence et à une vie ordonnée, nous vous prions de nous signifier notre arrêt de mort pour que nous puissions nous y préparer. Mais nous espérons que votre Gouvernement et votre nation ne permettront pas la continuation de crimes pareils.

Encore une fois, nous demandons aide et protection aux grandes nations d'Europe et d'Amérique. Nous les prions de nous épargner, après ces faits douloureux, l'horreur d'une guerre de guérilla qui finira par ruiner complètement cette riche région.

Massacres de Ménémem.

Déclaration sous serment du fabricant Saffer Effendi :

Le dimanche 15 juin 1919, un bataillon hellène escorté par des Grecs indigènes occupa dans l'après-midi la ville de Ménémen. Le lendemain, un second bataillon y arriva aussi. Ce dernier venait de Bergama qu'il avait occupé quatre jours auparavant, mais qu'il avait été forcé d'évacuer à la suite d'un combat avec les habitants de cette ville.

Dès cette même nuit, l'attitude prise par la force militaire hellénique fut nettement inquiétante. Des détachements avaient pris position dans les quartiers divers, des mitrailleuses furent postées aux coins des rues et dans les endroits importants. Le Gouverneur Kémal Bey téléphona même au Commandant français à la gare de Ménémen, les préparatifs faits par les Grecs et souligna leurs caractères inquiétants. Ce soir-là, Kémal Bey ne rentra pas chez lui comme de coutume et passa la nuit au palais du gouvernement. Le lendemain (mardi 17 juin), avant midi, je me trouvai au café de Hafiz

avec quelques autres notables turcs, un paysan de Moussa bey Keuy vint
nous raconter qu'on entendait une fusillade du côté de Turkly Keuy et d'Hel-
vadji Keuy. « Je crois que les Grecs massacrent les habitants de nos villages,
ajouta-t-il, — Et le Gouverneur, sait-il cela? lui demandai-je. — Il me
répondit affirmativement. » Nous étions en train de causer sur ces questions,
quand des coups de feu éclatèrent dans notre voisinage. Les Turcs fermaient
leurs boutiques et partaient en courant. Je me suis hâté aussi de rentrer chez
moi. Durant le trajet, j'entendais le sifflement des balles qui passaient au-
dessus de ma tête.

Une fois rentré, j'ai vu de ma fenêtre, les soldats grecs, placés aux divers
points, tirer des salves dans la ville; les balles par milliers pleuvaient de tous
côtés. Ma femme et mes enfants pleuraient autour de moi et nous attendions
la mort d'un moment à l'autre. La fusillade dura jusqu'à midi. Deux heures
plus tard, une patrouille de cavalerie grecque circulait dans les rues; j'entendis une voix dire qu'il n'y avait rien de grave dans notre quartier, et que
ce qui était advenu ailleurs était de notre faute. Je m'approchai de nouveau
de la fenêtre, et je vis mon voisin Kadry Agna aller au devant de la patrouille. Il leur criait : « Comment? il n'y a rien, dites-vous? mais vous ne
voyez donc pas ces morts qui gisent dans la rue? » Là dessus, je suis sorti
aussi et je ne vis d'abord que les cavaliers grecs défiler devant ma maison.
Mais à deux pas devant moi étaient étendus trois cadavres de femmes; un
petit garçon de 10 ans, baigné dans son sang, et, quelques pas plus loin, une
fillette du même âge blessée aux genoux, agonisaient dans d'atroces souf-
frances. Un peu plus loin, le cadavre de mon voisin Ishak Effendi, un vieillard circassien de 65 ans, gisait ensanglanté dans la cour de sa propre maison. N'ayant plus le courage de continuer, je retournai chez moi.

A ce moment, Théodori, un Grec indigène de Tchechmé, à mon service à la ferme que je possède près de la ville, vint me trouver et me
raconta en pleurant que les soldats hellènes avaient tué Ahmed, son cama-
rade, un autre domestique, et avaient emporté les vaches et les bœufs. Il ne
reste plus que deux chevaux à l'étable, me dit-il, mais il ne voulait plus
rester là-bas, je le gardai à la maison.

Nous passâmes la nuit de mardi dans l'angoisse et la terreur, nous apprê-
tant à mourir à chaque instant. Le lendemain matin (mercredi 18 juin 1919),
des patrouilles circulaient dans la rue et annonçaient le rétablissement de
l'ordre. Je me dirigeai vers le marché et entendis raconter l'arrivée à
Smyrne des représentants de France et d'Angleterre au palais du Gouvernement. J'ai voulu m'y rendre aussi, mais les sentinelles s'y opposèrent. J'ai
appris alors de quelques connaissances rencontrées là, que le Gouverneur de
Ménémen, Kémal Bey, et quatre gendarmes avaient été assassinés par les
soldats grecs, et que les représentants anglais et français s'étaient rendus
chez le Hakim (juge et chef religieux). J'y allai aussitôt, les deux représentants français et anglais, le mufti, le maire et le commandant de gendarmerie
grec étaient là. Je leur racontai qu'il y avait des morts et une fillette blessée
dans notre quartier, que mon domestique avait été tué dans ma propriété et
qu'on s'était emparé du bétail m'appartenant. Ils m'enjoignirent de ne pas
m'occuper des morts, et l'un des représentants ordonna au Commandant grec
d'envoyer immédiatement un médecin pour soigner la fillette blessée. Ils ont
pris mon adresse et m'ont assuré qu'un médecin viendrait me trouver sous
peu. De retour dans notre quartier, je m'empressai de raconter ces nouvelles
à mes voisins. Nous attendîmes plus de deux heures sans que personne se
soit présenté.

A ce moment, j'ai vu des soldats grecs recueillir les cadavres qui se
trouvaient aux environs de la ville et les porter au cimetière turc dans des
voitures.

Je me rendis immédiatement auprès des représentants français et anglais et je leur expliquai l'intention des autorités helléniques de cacher les preuves sanglantes des méfaits qu'elles avaient occasionnés, et je les exhortai à venir s'assurer personnellement, tant qu'il était temps encore, des crimes odieux qui avaient été commis par les Grecs. Ils me rassurèrent sur ce point, me dirent avoir tout vu et me permirent de faire enterrer les victimes de notre quartier.

Nous avons ce jour-là conduit au cimetière : Osman, âgé de 10 ans, fils de Kassab Ibrahim, quatre femmes, une petite Circassienne, fille d'Ibrahim et âgée de 10 ans.

Après avoir passé une nuit dans des transes affreuses, le lendemain de bonne heure nous nous dirigeâmes à la gare pour fuir cet enfer. Au moment du départ du train, on me fit descendre ainsi que mon fils en bas âge; ma femme et mes autres enfants partirent en pleurant dans l'angoisse du sort inconnu qui nous était réservé. Il y avait avec nous deux autres notabilités de Ménémen. Une conversation animée s'engagea entre un sous-officier français et un officier grec. D'après ce que nous avons pu comprendre, le bourreau grec voulait nous arrêter et le sergent s'y opposait en disant qu'il répondait de nous envers son supérieur. Finalement, il eut gain de cause et nous mit dans un train en partance pour Magnésie. Arrivés dans cette ville, nous fûmes conduits devant le Commandant français, qui nous fit un accueil très aimable, assura notre confort, fit prendre des nouvelles de ma famille et consigna dans un procès-verbal les déclarations que nous fîmes au sujet des traitements odieux à nous infligés par les Grecs.

SAFFER.

RÉGION DE MAGNÉSIE

En pénétrant à Magnésie les soldats grecs commencèrent par fouiller les maisons où ils prétendaient que des armes étaient cachées. C'est sous ce prétexte qu'ils pénétrèrent dans les 150 mosquées, mausolées et établissements religieux où ils saccagèrent les murs, les portes, les fenêtres, souillèrent les inscriptions religieuses, les tapis de prière, en insultant et rouant de coups leurs gardiens. Ils n'y trouvèrent d'ailleurs absolument rien.

Les établissements religieux dont les noms suivent sont ceux qui furent particulièrement atteints :

Mosquées de Servili-Mesdjid, de Tchatal, de Kénzi, du Sultan Mourad, de Ak-Mesdjid, de Ayvaz Pacha, de Dilchikiar.

Mausolées Kabak-Hodja, Déré, Nifli-Zadé, Kénzi, Hadjadjlar, etc.

Ecole théologique Sinan Bey.

Les soldats grecs pénétrèrent dans les propriétés privées des Musulmans et y pillèrent même sous les yeux de leurs officiers. Les propriétés qui ont particulièrement souffert sont :

Les vergers de Mufti zadé Ibrahim Effendi et Tchélébi zadé Djevdet Effendi; ceux de Véli oglou Mehmed Ali à Tchakal-Azmani, de Yorgandji oglou Chevki à Fertik-Timari, ainsi que tous ceux de cette région-ci. Les propriétés de Astardji oglou Mehmed Ali au lieu dit Hass-Timar; les vergers de Hadji Mustafa oglou Emin situés à Guédiz-Merassi et aux environs de la ferme de Chérif Bey.

Les cabanes de garde des vergers de Sélim oglou Mehmed Tchavouch aux environs du café dit Hassirdji, furent démolies par les soldats grecs qui emportèrent le bois pour en faire du feu.

Durant leurs visites domiciliaires, les Grecs s'emparèrent de tous les objets transportables jusqu'à des coupons de 2 ou 3 mètres de cotonnade qui formaient quelquefois le trousseau d'une pauvre paysanne.

Les Grecs du pays s'approprièrent les parts de leurs associés musulmans dans les récoltes des exploitations collectives avec l'appui des autorités militaires grecques. C'est le sort qu'eut notamment la part de Mehmed Effendi dans la récolte de seigle faite par le Grec Lambi de Kara-Agatch au lieu dit Safran-Tchayi.

Un détachement grec se cantonna dans le cimetière musulman de Tchatal et se servit de certaines tombes comme lieu d'aisance.

Toutes les propriétés du village Tcherkess-Mahmoudié. dont les habitants avaient fui devant l'invasion et les exactions des Grecs du village de Kara-Agatch, furent saccagées et pillées.

Une ouvrière nommée Hadjer, femme de Badjak Hassan Agha, du village Selimchahlar, qui travaillait aux champs avec son mari et cinquante ouvriers, fut assaillie par huit soldats grecs armés qui la violèrent à tour de rôle après avoir ligoté les hommes et les avoir enfermés dans une étable voisine. Ces soldats furent dénoncés plus tard au corps de garde grec de Kara-Agatch, mais ils ne furent l'objet d'aucune sanction.

Les soldats qui se rendaient à Pergame, à leur passage au village de Dorasselli, profanèrent la mosquée et extorquèrent 12 livres turques au Hodja Hafiz Mehmed Nouri Effendi, 16 au maire Molla Ahmed, 8 au berger Ali, 8 à la femme nommée Fatma Hatoun et un chameau de trois ans, ainsi que tous les objets transportables qu'ils rencontrèrent dans les maisons qu'ils ouvrirent de force.

Un enfant de 12 ans, Tahir, fils de Tevfik, qui était en train de récolter des poires dans le jardin du pharmacien municipal Ali bey, fut assailli par six soldats grecs, dont deux evzônes, qui le firent descendre de l'arbre en le menaçant avec leurs armes et, au moment qu'ils allaient assouvir leur passion bestiale, des passants attirés par les cris de l'enfant le sauvèrent de cette ignominie.

Mehmed Effendi, attaché à la comptabilité de la sous-préfecture, qui était sorti de chez lui le jour de l'invasion, n'est jamais plus rentré.

Les récoltes très importantes de blé de Emin bey, de Alachéhir au lieu dit Tcheulli-Timar, furent incendiées intentionnellement par le gardien Grec Yorghi, fils de Hadji Christo.

Les soi-disant bons de réquisition délivrés par les soldats grecs ne sont presque jamais reconnus par les autorités supérieures grecques.

Siradjali oglou Mehmed Effendi, qui avait été arrêté sans aucun motif, ayant été relâché, les Grecs du village qui s'étaient appropriés ses vergers situés à Eyri-Keuy, les détruisirent avec toutes les machines agricoles qu'ils renfermaient.

Le Crétois Husseïn, qui habite chez Mehmed agha du même pays, au quartier de Debagh-Hané, fut assailli dans le quartier de Alay-Beyi par deux evzônes grecs qui lui extorquèrent les 15 livres qu'il avait dans son portefeuille et le menacèrent de mort en cas d'indiscrétion.

Un local abandonné à proximité de la caserne fut occupé par un Grec du pays nommé Doytcho qui y installa un débit de boissons pour les soldats grecs qui se répandaient, une fois ivres, dans les rues environnantes habitées par des musulmans dont les femmes terrifiées n'osaient sortir de chez elles même pour aller au marché. Elles étaient quelquefois même attaquées dans leurs maisons.

Tchakir Mustafa oglou Halil agha, âgé de 45 ans, qui se rendait en ville à cheval, fut assailli, à la sortie de son village Déré-Keuy, par les Grecs nommés Yanco de Mouradié et Djordji, habitant le village Fil-Oglou, qui le tuèrent et lui prirent sa monture et 150 livres qu'il avait sur lui. Les assassins restèrent impunis.

Des soldats grecs qui voulaient se loger dans les chambres d'une maison musulmane répondirent aux objections d'ordre religieux qui leur furent faites que « le pays étant devenu un pays chrétien, ils n'avaient pas à se soucier des règles islamiques ».

Le 24 juillet au matin, le village musulman de Djimbachlar fut assailli par les Grecs du village de Papasli, notamment les nommés Vassil et son frère Canela, Boti oglou Nico, etc.; ils volèrent et assassinèrent les femmes Ayché de 55 ans, fille de Semerdji, Emmi, femme de Kodja Kulah Hadji

Mehmed, âgée de 58 ans; Fatma, fille de la susmentionnée Ayché, âgée de
20 ans; Ayché, fille du Hodja, âgée de 12 ans, et le mari de Fatma, Suleïman, âgé de 32 ans; ils laissèrent échapper Gulçum, fille de Ismaïl, après
lui avoir extorqué 72 louis en or, 9 écus et 3 livres en monnaie d'argent. Ils
violèrent une jeune fille de 17 ans, Hadidjé, fille de Husseïn oglou, et lui
volèrent 37 louis. Ils tuèrent de plus la fille de Ayché, Meryem, âgée de
16 ans; Ummi, de 35 ans, belle-fille de Eumer, et un garçon de 12 ans,
Mehmed, fils de Mehmed. Ils assassinèrent aussi Kodja Mehmed, de 58 ans,
son gendre Hadji Mehmed, de 25 ans; Hassan, âgé de 25 ans, fils de Ismaïl
oglou Mustafa; Hamza, âgé de 24 ans, fils de Mehmed oglou, son frère
Haydar, de 16 ans; Hadji Moussa Eumer, de 50 ans; sa fille Hadidjé, de
35 ans, etc. Après ces meurtres, ils pillèrent le village de fond en comble
et emportèrent tout ce qui était transportable, ainsi que 6 chevaux, 3 pou-
lains, 50 bœufs, 77 veaux, 189 brebis, 44 vaches et 3 ânes. Une autre
bande de Grecs du même village opéra dans le quartier voisin de Dévéli et
y tuèrent Hadji Halil agha, de 65 ans; Ayan Hadji Suleyman, de 25 ans;
Dévéli oglou Satilmiche, de 65 ans; Imam oglou Mehmed, de 60 ans. Les
Grecs pillèrent toutes les maisons y compris la mosquée et emportèrent de
plus 40 paires de bœufs, 11 chevaux, 30 ânes, 180 vaches et 800 brebis.
**Une patrouille de soldats grecs qui avait été appelée dans le vil-
lage par ces événements se contentât de violer Gulçum, femme
de Mehmed Ali et fille de Hadji Halil, et une jeune fille de 16 ans,
Ayché, fille de Topal oglou Halil.**

A Leurs Excellences Messieurs les Hauts Commis-
saires de Grande-Bretagne, des États-Unis
d'Amérique, d'Italie et de France
à Constantinople.

Les atrocités les plus variées subies journellement par nos concitoyens
se trouvant dans la zone d'occupation hellénique atteignent un point qui doit
faire frémir d'indignation les gens les plus blasés. Sous les prétextes les plus
absurdes, les cours martiales grecques jugent et condamnent à mort de nombreux Turcs. Les abominations qui avaient eu lieu lors de l'entrée des troupes
grecques à Manissa (Magnésie) continuent encore de plus belle. Des fonctionnaires étrangers, que n'aveugle aucun parti pris, constatent naturellement
ces faits affreux et les notent. Pour ne donner que quelques exemples des
ignobles crimes des Grecs, nous citerons les faits suivants :

M. Moustapha Bey, fils de Chukri Bey, un des notables de Manissa,
fut lâchement assassiné; on retrouva son corps hors de la ville.

M. Mahmoud Bey, négociant en farine, eut le même sort tragique. Son
corps fut également retrouvé bien loin de la ville, à Kirtick.

Behlul Hassan, de Molla Châban, et ses cinq compagnons qui allaient
travailler à leurs vignes furent arrêtés et battus par des soldats grecs. Après
avoir essuyé diverses tortures, les malheureux furent enfermés dans le cachot
souterrain du poste central d'Osmanié à Manissa, et y restèrent, sans pain
ni eau, trois jours entiers. Les Grecs voulurent proscrire Behlul Hassan et
ses amis de la zone occupée et les envoyer à Panderma. Mais n'ayant ni la
force physique, ni les moyens pécuniaires pour effectuer ce voyage, ils se réfu-
gièrent à Ak-Hissar, et rapportèrent, les larmes aux yeux, les traitements
odieux auxquels les Hellènes les avaient soumis.

Le jour de la perquisition d'armes, le Cadi (juge et chef religieux) de Manissa, Ismaïl Hakki Effendi, fut fouetté, injurié et emprisonné. Ce n'est que plusieurs jours après qu'on l'a relâché.

Un notable, Mehmed Bey Bechzadé, fut battu violemment par les Grecs et envoyé à Smyrne.

L'épouse de M. Hakki Bey, notable pharmacien, subit les pires insultes pour n'avoir pas voulu indiquer l'endroit où son mari s'était caché.

Hakki Tchaouche de la banlieue, ayant été frappé sans pitié, garde encore le lit.

Le jour de la perquisition d'armes furent encore battus avec une violence inouïe : MM. Hussein Adanali Zadé, notable de Manissa, Kiamil Mufti Zadé, notable, Ibrahim Mufti Zadé, l'adjoint du maire, Dolghour Hussein, Kadri Ghiritli Zadé.

Ce dernier, grièvement blessé à la tête s'affaissa. Les Grecs le croyant mort, fouillèrent ses poches, volèrent son argent (800 L. turques) et en outre, mirent sa maison à sac. Kadri Ghiritli Zadé est actuellement soigné à l'Hôpital de Smyrne.

Nous joignons à la présente une liste contenant les noms d'autres notables et intellectuels du pays qui furent arrêtés sans aucune raison plausible.

Tant de crimes commis, tant de supplices pratiqués exaspérèrent naturellement au plus haut degré les habitants musulmans de notre commune. Néanmoins ceux-ci, témoignant du noble caractère de la nation turque, gardent une patience réellement fort difficile. Mais il est à appréhender que la continuation des atrocités helléniques ne surexcite l'opinion publique et n'oblige, à la fin, les Musulmans à sortir de leur attitude passive. La responsabilité d'un tel soulèvement ne saurait, partant, être imputée qu'aux Grecs seuls.

Nous protestons donc énergiquement et avec indignation contre les agissements de l'armée hellénique qui, depuis son débarquement, n'a cessé un instant de perpétrer les abominations les plus inouïes.

Au nom de la Justice et de l'Humanité, nous adjurons les Grandes Puissances d'user de leur autorité pour faire évacuer notre patrie bien-aimée, que nous ne supporterons pas de voir soumise, fût-ce temporairement, à une domination étrangère.

Suivent 60 signatures...

Région de Vourla.

Le vendredi 16 mai dès l'aube, les bandes grecques cernèrent les quartiers musulmans et firent irruption dans Kizildja-Keuy, à 3 kilomètres au Nord-Est de la ville, pillèrent les maisons et le bétail des Turcs, brûlèrent le village et massacrèrent la population.

A midi, ils s'attaquèrent au quartier Hadji-Issa de la ville.

Après trois heures de l'après-midi un torpilleur grec entra dans le port et prit possession des docks qui furent ouverts durant la nuit; les armes qu'ils contenaient furent distribuées aux Grecs du pays qui se vêtirent d'uniformes hellènes qu'ils avaient préparés à l'avance.

Le même jour les villages Kodja-Déré, Sari-Aydiller, Dévé-Déréssi furent pillés.

Durant toute la nuit du 16-17 mai, tous les quartiers turcs furent soumis à la fusillade des quartiers grecs situés sur les hauteurs de la ville.

Le 17, trois villages turcs furent pillés et incendiés et la plupart de ses habitants furent massacrés. Dans la matinée une trentaine de marins grecs avaient débarqué du torpilleur et s'étaient installés dans le quartier grec; le massacre des Turcs continua de même et le quartier Hadji Issa fut incendié.

Dans l'après-midi, vers quatre heures, un bataillon d'infanterie grecque cerna la ville du côté de la terre et se fit remettre les armes de la garnison qui s'était rassemblée au centre, ayant reçu ordre de ne pas se défendre. Les soldats ainsi désarmés furent chargés des selles de chevaux du dépôt militaire et réunis devant la préfecture où ils furent photographiés dans cette position sous les ricanements de la population grecque.

Le 18, une bande de 500 Grecs passa du côté de Tcheshmé et anéantit les villages de Barbarouss, Kadi-Ovadjik et Zeïtounlar.

TABLE DES MATIÈRES

GRAPHIQUE COMPARATIF

de la population du vilayet d'AIDIN et des Sandjaks de KARASSI et de MENTECHE sur cazas (sous-préfectures)

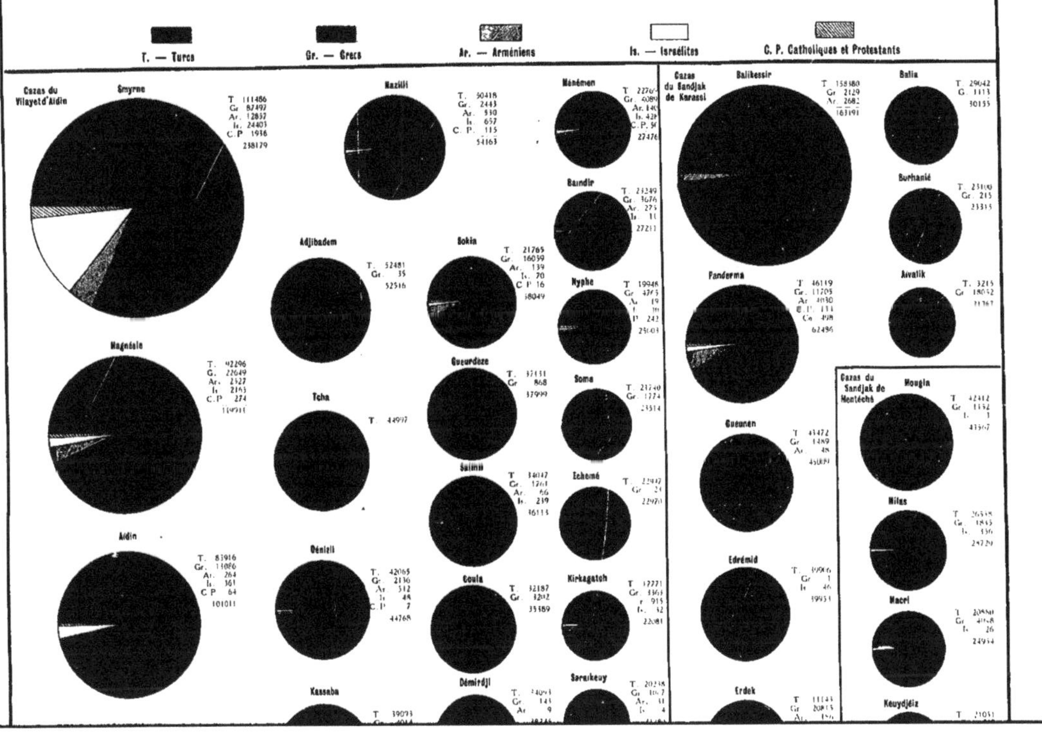

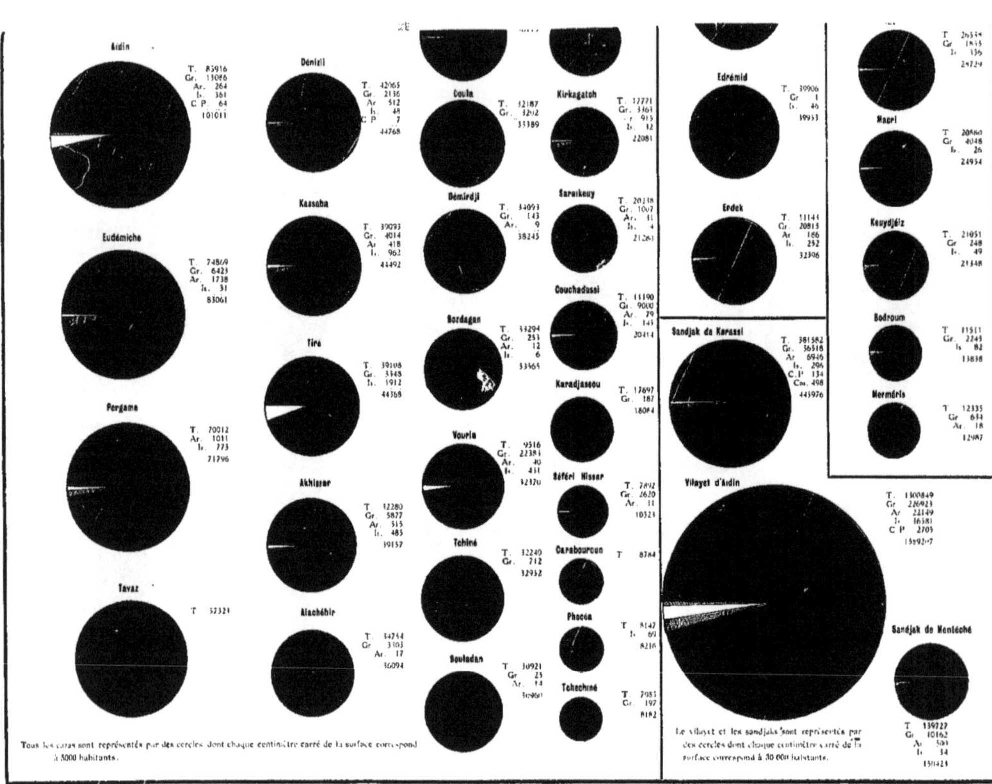

Aidin
T. 83916
Gr. 13066
Ar. 264
Is. 361
C.P. 64
101011

Eudémiche
T. 74869
Gr. 6423
Ar. 1738
Is. 31
83061

Pergama
T. 70012
Ar. 1011
Is. 773
71796

Tavaz
T. 57321

Dénizli
T. 42965
Gr. 2136
Ar. 512
Is. 48
C.P. 7
44768

Kassaba
T. 39093
Gr. 4014
Ar. 418
Is. 962
44492

Tiré
T. 39108
Gr. 3548
Is. 1912
44368

Akhissar
T. 32280
Gr. 5877
Ar. 515
Is. 485
39157

Alachéhir
T. 34754
Gr. 3303
Ar. 17
36094

Doula
T. 32187
Gr. 3202
33389

Démirdji
T. 34093
Gr. 143
Ar. 9
38245

Bordagan
T. 33294
Gr. 253
Ar. 12
Is. 6
33565

Vourla
T. 9516
Gr. 22383
Ar. 40
Is. 431
32370

Tchiné
T. 32240
Gr. 712
32952

Bouladan
T. 30921
Gr. 23
Ar. 14
30960

Kirkagatch
T. 17771
Gr. 3363
r 913
Is. 32
22081

Saraïkeuy
T. 20138
Gr. 1007
Ar. 11
Is. 4
21260

Couchadassi
T. 11190
Gr. 9000
Ar. 79
Is. 143
20414

Karadjassou
T. 17897
Gr. 187
18084

Séféri Hissar
T. 7892
Gr. 2620
Ar. 11
10323

Carabouroun
T 8784

Phocéa
T. 8147
Is. 69
8216

Tchechiné
T. 7985
Gr. 197
8182

Edrémid
T. 39906
Gr. 1
Is. 46
39953

Erdek
T. 11141
Gr. 20815
Ar. 186
Is. 252
32396

Sandjak de Karassi
T. 381582
Gr. 56518
Ar. 6946
Is. 296
C.P. 134
Cos. 498
445976

Vilayet d'Aidin
T. 1300849
Gr. 226923
Ar. 22149
Is. 16381
C.P. 2705
1592107

T. 26534
Gr. 1855
Is. 335
24724

Nacri
T. 20880
Gr. 4048
Is. 26
24954

Keuydjéiz
T. 21051
Gr. 248
Is. 49
21348

Bodroum
T. 11511
Gr. 2245
Is. 82
13838

Mermeris
T. 12335
Gr. 634
Ar. 18
12987

Sandjak de Mentéché
T. 139722
Gr. 10162
Ar. 501
Is. 34
150423

Tous les cazas sont représentés par des cercles dont chaque centimètre carré de la surface correspond à 5000 habitants.

Le vilayet et les sandjaks sont représentés par des cercles dont chaque centimètre carré de la surface correspond à 30 000 habitants.

A CONSULTER
sur le Même Sujet

□

Atrocités grecques dans le Vilayet de Smyrne

(1ʳ Série)

publié par la Ligue pour la défense des droits des Ottomans.

Atrocités grecques dans le Vilayet de Smyrne

(2ᵉ Série)

publié par le bureau permanent du Congrès turc de Lausanne.

Greek atrocities in the Vilayet of Smyrna

(first series)

published by the permanent bureau of the turkish Congress at Lausanne.

Smyrne au point de vue géographique, économique, etc..

par Turc Yourdou. Lausanne 1919.

The Greeks in Asia Minor

by C. F. Dixon Johnson. Londres

The Hellenic Greek Scourge in Turkey

by Arthur Field. Londres.